PREFACIO

La colección de guías de conversación para viajar "Todo irá bien" publicada por T&P Books está diseñada para personas que viajan al extranjero para turismo y negocios. Las guías contienen lo más importante - los elementos esenciales para una comunicación básica.Éste es un conjunto de frases imprescindibles para "sobrevivir" mientras está en el extranjero.

Esta guía de conversación le ayudará en la mayoría de los casos donde usted necesite pedir algo, conseguir direcciones, saber cuánto cuesta algo, etc. Puede también resolver situaciones difíciles de la comunicación donde los gestos no pueden ayudar.

Este libro contiene muchas frases que han sido agrupadas según los temas más relevantes. Una sección separada del libro también ofrece un pequeño diccionario con más de 1.500 palabras importantes y útiles.

Llévese la guía de conversación "Todo irá bien" en el camino y tendrá una insustituible compañera de viaje que le ayudará a salir de cualquier situación y le enseñará a no temer hablar con extranjeros.

TABLA DE CONTENIDOS

T&P Books Publishing

T&P Books Publishing

GUÍA DE CONVERSACIÓN
— ALBANÉS —

LAS PALABRAS Y LAS FRASES MÁS ÚTILES

Esta Guía de Conversación contiene las frases y las preguntas más comunes necesitadas para una comunicación básica con extranjeros

Andrey Taranov

T&P BOOKS

Guía de conversación + diccionario de 1500 palabras

Guía de conversación Español-Albanés y diccionario conciso de 1500 palabras

por Andrey Taranov

La colección de guías de conversación para viajar "Todo irá bien" publicada por T&P Books está diseñada para personas que viajan al extranjero para turismo y negocios. Las guías contienen lo más importante - los elementos esenciales para una comunicación básica. Éste es un conjunto de frases imprescindibles para "sobrevivir" mientras está en el extranjero.

Una otra sección del libro también ofrece un pequeño diccionario con más de 1.500 palabras útiles. El diccionario incluye muchos términos gastronómicos y será de gran ayuda para pedir los alimentos en un restaurante o comprando comestibles en la tienda.

T&P Books Publishing
www.tpbooks.com

ISBN: 978-1-78767-180-5

Este libro está disponible en formato electrónico o de E-Book también.
Visite www.tpbooks.com o las librerías electrónicas más destacadas en la Red.

PRONUNCIACIÓN

T&P alfabeto fonético	Ejemplo albanés	Ejemplo español
[a]	flas [flas]	radio
[e], [ɛ]	melodi [mɛlodí]	princesa
[ə]	kërkoj [kərkój]	llave
[i]	pikë [píkə]	ilegal
[o]	motor [motór]	bordado
[u]	fuqi [fucí]	mundo
[y]	myshk [myʃk]	pluma
[b]	brakë [brákə]	en barco
[c]	oqean [ocɛán]	porche
[d]	adoptoj [adoptój]	desierto
[ʣ]	lexoj [lɛdzój]	inglés kids
[ʤ]	xham [dʒam]	jazz
[ð]	dhomë [ðómə]	alud
[f]	i fortë [i fórtə]	golf
[g]	bullgari [buɫgarí]	jugada
[h]	jaht [jáht]	registro
[j]	hyrje [hýrjɛ]	asiento
[ʝ]	zgjedh [zʝɛð]	guía
[k]	korik [korík]	charco
[l]	lëviz [ləvíz]	lira
[ɫ]	shkallë [ʃkáɫə]	hablar
[m]	medalje [mɛdáljɛ]	nombre
[n]	klan [klan]	número
[ɲ]	spanjoll [spaɲóɫ]	leña
[ŋ]	trung [truŋ]	rincón
[p]	polici [politsí]	precio
[r]	i erët [i érət]	era, alfombra
[ɾ]	groshë [gróʃə]	pero
[s]	spital [spitál]	salva
[ʃ]	shes [ʃɛs]	shopping
[t]	tapet [tapét]	torre
[ʦ]	batica [batítsa]	tsunami
[ʧ]	kaçube [katʃúbɛ]	mapache
[v]	javor [javór]	travieso
[z]	horizont [horizónt]	desde
[ʒ]	kuzhinë [kuʒínə]	adyacente
[θ]	përkthej [pərkθéj]	pinzas

LISTA DE ABREVIATURAS

Abreviatura en español

adj	-	adjetivo
adv	-	adverbio
anim.	-	animado
conj	-	conjunción
etc.	-	etcétera
f	-	sustantivo femenino
f pl	-	femenino plural
fam.	-	uso familiar
fem.	-	femenino
form.	-	uso formal
inanim.	-	inanimado
innum.	-	innumerable
m	-	sustantivo masculino
m pl	-	masculino plural
m, f	-	masculino, femenino
masc.	-	masculino
mat	-	matemáticas
mil.	-	militar
num.	-	numerable
p.ej.	-	por ejemplo
pl	-	plural
pron	-	pronombre
sg	-	singular
v aux	-	verbo auxiliar
vi	-	verbo intransitivo
vi, vt	-	verbo intransitivo, verbo transitivo
vr	-	verbo reflexivo
vt	-	verbo transitivo

Abreviatura en albanés

f	-	sustantivo femenino
m	-	sustantivo masculino
pl	-	plural

T&P BOOKS

GUÍA DE CONVERSACIÓN ALBANESA

Esta sección contiene frases importantes que pueden resultar útiles en varias situaciones de la vida real. La Guía le ayudará a pedir direcciones, aclaración sobre precio, comprar billetes, y pedir alimentos en un restaurante

T&P Books Publishing

CONTENIDO DE LA GUÍA DE CONVERSACIÓN

T&P Books Publishing

Perdone, …	**Më falni, …** [mə fálni, …]
Hola.	**Përshëndetje.** [pərʃəndétjɛ]
Gracias.	**Faleminderit.** [falɛmindérit]
Sí.	**Po.** [po]
No.	**Jo.** [jo]
No lo sé.	**Nuk e di.** [nuk ɛ di]
¿Dónde? | ¿A dónde? | ¿Cuándo?	**Ku? | Për ku? | Kur?** [ku? | pər ku? | kur?]

Necesito …	**Më nevojitet …** [mə nɛvojítɛt …]
Quiero …	**Dua …** [dúa …]
¿Tiene …?	**Keni …?** [kéni …?]
¿Hay … por aquí?	**A ka … këtu?** [a ka … kətú?]
¿Puedo …?	**Mund të …?** [mund tə …?]
…, por favor? (petición educada)	**…, ju lutem** […], [ju lútɛm]

Busco …	**Kërkoj …** [kərkój …]
el servicio	**tualet** [tualét]
un cajero automático	**bankomat** [bankomát]
una farmacia	**farmaci** [farmatsí]
el hospital	**spital** [spitál]
la comisaría	**komisariat policie** [komisariát politsíɛ]
el metro	**metro** [mɛtró]

un taxi	**taksi** [táksi]
la estación de tren	**stacion treni** [statsión treni]

Me llamo ...	**Më quajnë ...** [mə cúajnə ...]
¿Cómo se llama?	**Si quheni?** [si cúhɛni?]
¿Puede ayudarme, por favor?	**Ju lutem, mund të ndihmoni?** [ju lútɛm], [mund tə ndihmóni?]
Tengo un problema.	**Kam një problem.** [kam ɲə problém]
Me encuentro mal.	**Nuk ndihem mirë.** [nuk ndíhɛm mírə]
¡Llame a una ambulancia!	**Thërrisni një ambulancë!** [θərísni ɲə ambulántsə!]
¿Puedo llamar, por favor?	**Mund të bëj një telefonatë?** [mund tə bəj ɲə tɛlɛfonátə?]

Lo siento.	**Më vjen keq.** [mə vjɛn kɛc]
De nada.	**Ju lutem.** [ju lútɛm]

Yo	**unë, mua** [únə], [múa]
tú	**ti** [ti]
él	**ai** [ai]
ella	**ajo** [ajó]
ellos	**ata** [atá]
ellas	**ato** [ató]
nosotros /nosotras/	**ne** [nɛ]
ustedes, vosotros	**ju** [ju]
usted	**ju** [ju]

ENTRADA	**HYRJE** [hýrjɛ]
SALIDA	**DALJE** [dáljɛ]
FUERA DE SERVICIO	**NUK FUNKSIONON** [nuk funksionón]

CERRADO	**MBYLLUR** [mbýɫur]
ABIERTO	**HAPUR** [hápur]
PARA SEÑORAS	**PËR FEMRA** [pər fémra]
PARA CABALLEROS	**PËR MESHKUJ** [pər méʃkuj]

Preguntas

¿Dónde?
Ku?
[ku?]

¿A dónde?
Për ku?
[pər ku?]

¿De dónde?
Nga ku?
[ŋa ku?]

¿Por qué?
Pse?
[psɛ?]

¿Con que razón?
Për çfarë arsye?
[pər tʃfárə arsýɛ?]

¿Cuándo?
Kur?
[kur?]

¿Cuánto tiempo?
Sa kohë?
[sa kóhə?]

¿A qué hora?
Në çfarë ore?
[nə tʃfárə órɛ?]

¿Cuánto?
Sa kushton?
[sa kuʃtón?]

¿Tiene ...?
Keni ...?
[kéni ...?]

¿Dónde está ...?
Ku ndodhet ...?
[ku ndóðɛt ...?]

¿Qué hora es?
Sa është ora?
[sa əʃtə óra?]

¿Puedo llamar, por favor?
Mund të bëj një telefonatë?
[mund tə bəj ɲə tɛlɛfonátə?]

¿Quién es?
Kush është?
[kuʃ əʃtə?]

¿Se puede fumar aquí?
Mund të pi duhan këtu?
[mund tə pi duhán kətú?]

¿Puedo ...?
Mund të ...?
[mund tə ...?]

Necesidades

Quisiera ...
Do të doja ...
[do tə dója ...]

No quiero ...
Nuk dua ...
[nuk dúa ...]

Tengo sed.
Kam etje.
[kam étjɛ]

Tengo sueño.
Dua të fle.
[dúa tə flé]

Quiero ...
Dua ...
[dúa ...]

lavarme
të lahem
[tə láhɛm]

cepillarme los dientes
të laj dhëmbët
[tə laj ðə́mbət]

descansar un momento
të pushoj pak
[tə puʃój pak]

cambiarme de ropa
të ndërrohem
[tə ndəróhɛm]

volver al hotel
të kthehem në hotel
[tə kθéhɛm nə hotél]

comprar ...
të blej ...
[tə blɛj ...]

ir a ...
të shkoj në ...
[tə ʃkoj nə ...]

visitar ...
të vizitoj ...
[tə vizitój ...]

quedar con ...
të takohem me ...
[tə takóhɛm mɛ ...]

hacer una llamada
të bëj një telefonatë
[tə bəj ɲə tɛlɛfonátə]

Estoy cansado /cansada/.
Jam i /e/ lodhur.
[jam i /ɛ/ lóður]

Estamos cansados /cansadas/.
Jemi të lodhur.
[jémi tə lóður]

Tengo frío.
Kam ftohtë.
[kam ftóhtə]

Tengo calor.
Kam vapë.
[kam vápə]

Estoy bien.
Jam mirë.
[jam mírə]

Tengo que hacer una llamada.

Necesito ir al servicio.

Me tengo que ir.

Me tengo que ir ahora.

Duhet të bëj një telefonatë.
[dúhɛt tə bəj ɲə tɛlɛfonátə]

Duhet të shkoj në tualet.
[dúhɛt tə ʃkoj nə tualét]

Duhet të ik.
[dúhɛt tə ik]

Duhet të ik tani.
[dúhɛt tə ik taní]

Preguntar por direcciones

Perdone, ...	**Më falni, ...** [mə fálni, ...]
¿Dónde está ...?	**Ku ndodhet ...?** [ku ndóðɛt ...?]
¿Por dónde está ...?	**Si shkohet në ...?** [si ʃkóhɛt nə ...?]
¿Puede ayudarme, por favor?	**Ju lutem, mund të më ndihmoni?** [ju lútɛm], [mund tə mə ndihmóni?]

Busco ...	**Kërkoj ...** [kərkój ...]
Busco la salida.	**Kërkoj daljen.** [kərkój dáljɛn]
Voy a ...	**Po shkoj në ...** [po ʃkoj nə ...]
¿Voy bien por aquí para ...?	**A po shkoj siç duhet për në ...?** [a po ʃkoj sitʃ dúhɛt pər nə ...?]

¿Está lejos?	**Është larg?** [éʃtə larg?]
¿Puedo llegar a pie?	**Mund të shkoj me këmbë deri atje?** [mund tə ʃkoj mɛ kémbə déri atjé?]
¿Puede mostrarme en el mapa?	**Mund të më tregoni në hartë?** [mund tə mə trɛgóni nə hártə?]
Por favor muestreme dónde estamos.	**Më tregoni ku ndodhemi tani.** [mə trɛgóni ku ndóðɛmi taní]

Aquí	**Këtu** [kətú]
Allí	**Atje** [atjé]
Por aquí	**Këtej** [kətéj]

Gire a la derecha.	**Kthehuni djathtas.** [kθéhuni djáθtas]
Gire a la izquierda.	**Kthehuni majtas.** [kθéhuni májtas]
la primera (segunda, tercera) calle	**kthesa e parë (e dytë, e tretë)** [kθésa ɛ párə (ɛ dýtə], [ɛ trétə)]
a la derecha	**djathtas** [djáθtas]

a la izquierda

majtas
[májtas]

Siga recto.

ecni drejt
[étsni dréjt]

Carteles

¡BIENVENIDO!	**MIRË SE ERDHËT!** [mírə sɛ érðət!]
ENTRADA	**HYRJE** [hýrjɛ]
SALIDA	**DALJE** [dáljɛ]

EMPUJAR	**SHTY** [ʃty]
TIRAR	**TËRHIQ** [tərhíc]
ABIERTO	**HAPUR** [hápur]
CERRADO	**MBYLLUR** [mbýɫur]

PARA SEÑORAS	**PËR FEMRA** [pər fémra]
PARA CABALLEROS	**PËR MESHKUJ** [pər méʃkuj]
CABALLEROS	**ZOTËRINJ** [zotəríɲ]
SEÑORAS	**ZONJA** [zóɲa]

REBAJAS	**ULJE** [úljɛ]
VENTA	**ULJE** [úljɛ]
GRATIS	**FALAS** [fálas]
¡NUEVO!	**E RE!** [ɛ ré!]
ATENCIÓN	**KUJDES!** [kujdés!]

COMPLETO	**NUK KA VENDE TË LIRA** [nuk ka véndɛ tə líra]
RESERVADO	**REZERVUAR** [rɛzɛrvúar]
ADMINISTRACIÓN	**ADMINISTRATA** [administráta]
SÓLO PERSONAL AUTORIZADO	**VETËM PËR PERSONELIN** [vétəm pər pɛrsonélin]

CUIDADO CON EL PERRO	**KUJDES NGA QENI!** [kujdés ŋa céni!]
NO FUMAR	**NDALOHET DUHANI!** [ndalóhɛt duháni!]
NO TOCAR	**MOS PREKNI!** [mos prékni!]
PELIGROSO	**I RREZIKSHËM** [i rɛzíkʃəm]
PELIGRO	**RREZIK** [rɛzík]
ALTA TENSIÓN	**VOLTAZH I LARTË** [voltáʒ i lártə]
PROHIBIDO BAÑARSE	**NDALOHET NOTI!** [ndalóhɛt nóti!]

FUERA DE SERVICIO	**NUK FUNKSIONON** [nuk funksionón]
INFLAMABLE	**I DJEGSHËM** [i djégʃəm]
PROHIBIDO	**I NDALUAR** [i ndalúar]
PROHIBIDO EL PASO	**NDALOHET KALIMI!** [ndalóhɛt kalími!]
RECIÉN PINTADO	**BOJË E FRESKËT** [bójə ɛ fréskət]

CERRADO POR RENOVACIÓN	**MBYLLUR PËR RESTAURIM** [mbýɫur pər rɛstaurim]
EN OBRAS	**PO KRYHEN PUNIME** [po krýhɛn punímɛ]
DESVÍO	**DEVIJIM** [dɛvijím]

Transporte. Frases generales

el avión	**avion** [avión]
el tren	**tren** [trɛn]
el bus	**autobus** [autobús]
el ferry	**traget** [tragét]
el taxi	**taksi** [táksi]
el coche	**makinë** [makínə]

el horario	**orar** [orár]
¿Dónde puedo ver el horario?	**Ku mund të shikoj oraret?** [ku mund tə ʃikój orárɛt?]
días laborables	**ditë pune** [dítə púnɛ]
fines de semana	**fundjava** [fundjáva]
días festivos	**pushime** [puʃímɛ]

SALIDA	**NISJE** [nísjɛ]
LLEGADA	**MBËRRITJE** [mbərítjɛ]
RETRASADO	**VONESË** [vonésə]
CANCELADO	**ANULUAR** [anulúar]

siguiente (tren, etc.)	**tjetër** [tjétər]
primero	**parë** [párə]
último	**fundit** [fúndit]

¿Cuándo pasa el siguiente ...?	**Kur është ... tjetër?** [kur éʃtə ... tjétər?]
¿Cuándo pasa el primer ...?	**Kur është ... i parë?** [kur éʃtə ... i párə?]

¿Cuándo pasa el último …?

Kur është … i fundit?
[kur éʃtə … i fúndit?]

el trasbordo (cambio de trenes, etc.)

ndërrim
[ndərím]

hacer un trasbordo

të ndërroj
[tə ndərój]

¿Tengo que hacer un trasbordo?

Duhet të ndërroj?
[dúhɛt tə ndərój?]

Comprar billetes

¿Dónde puedo comprar un billete?	**Ku mund të blej bileta?** [ku mund tə bléj biléta?]
el billete	**biletë** [bilétə]
comprar un billete	**të blej biletë** [tə blɛj bilétə]
precio del billete	**çmimi i biletës** [tʃmími i bilétəs]

¿Para dónde?	**Për ku?** [pər ku?]
¿A qué estación?	**Në cilin stacion?** [nə tsílin statsión?]
Necesito ...	**Më nevojitet ...** [mə nɛvojítɛt ...]
un billete	**një biletë** [ɲə bilétə]
dos billetes	**dy bileta** [dy biléta]
tres billetes	**tre bileta** [trɛ biléta]

sólo ida	**vajtje** [vájtjɛ]
ida y vuelta	**me kthim** [mɛ kθim]
en primera (primera clase)	**klasi i parë** [klási i párə]
en segunda (segunda clase)	**klasi i dytë** [klási i dýtə]

hoy	**sot** [sot]
mañana	**nesër** [nésər]
pasado mañana	**pasnesër** [pasnésər]
por la mañana	**në mëngjes** [nə mənɟés]
por la tarde	**në pasdite** [nə pasdítɛ]
por la noche	**në mbrëmje** [nə mbrémjɛ]

asiento de pasillo

ulëse në korridor
[úləsɛ nə koridór]

asiento de ventanilla

ulëse tek dritarja
[úləsɛ tɛk dritárja]

¿Cuánto cuesta?

Sa kushton?
[sa kuʃtón?]

¿Puedo pagar con tarjeta?

Mund të paguaj me kartelë krediti?
[mund tə pagúaj mɛ kartélə krɛdíti?]

Autobús

el autobús	**autobus** [autobús]
el autobús interurbano	**autobus urban** [autobús urbán]
la parada de autobús	**stacion autobusi** [statsión autobúsi]
¿Dónde está la parada de autobuses más cercana?	**Ku ndodhet stacioni më i afërt** **i autobusit?** [ku ndóðɛt statsióni mə i áfərt i autobúsit?]

número	**numri** [númri]
¿Qué autobús tengo que tomar para ...?	**Cilin autobus duhet të marr për** **të shkuar në ...?** [tsílin autobús dúhɛt tə mar pər tə ʃkúar nə ...?]
¿Este autobús va a ...?	**A shkon ky autobus në ...?** [a ʃkon ky autobús nə ...?]
¿Cada cuanto pasa el autobús?	**Sa shpesh kalojnë autobusët?** [sa ʃpeʃ kalójnə autobúsət?]

cada 15 minutos	**çdo 15 minuta** [tʃdo pɛsəmbəðjétə minúta]
cada media hora	**çdo gjysmë ore** [tʃdo jýsmə órɛ]
cada hora	**çdo një orë** [tʃdo ɲə órə]
varias veces al día	**disa herë në ditë** [dísa hérə nə dítə]
... veces al día	**... herë në ditë** [... hérə nə dítə]

el horario	**orari** [orári]
¿Dónde puedo ver el horario?	**Ku mund të shikoj oraret?** [ku mund tə ʃikój orárɛt?]
¿Cuándo pasa el siguiente autobús?	**Kur është autobusi tjetër?** [kur éʃtə autobúsi tjétər?]
¿Cuándo pasa el primer autobús?	**Kur është autobusi i parë?** [kur éʃtə autobúsi i párə?]
¿Cuándo pasa el último autobús?	**Kur është autobusi i fundit?** [kur éʃtə autobúsi i fúndit?]

la parada
stacion
[statsión]

la siguiente parada
stacioni tjetër
[statsióni tjétər]

la última parada
stacioni i fundit
[statsióni i fúndit]

Pare aquí, por favor.
Ju lutem, ndaloni këtu.
[ju lútɛm], [ndalóni kətú]

Perdone, esta es mi parada.
Më falni, ky është stacioni im.
[mə fálni], [ky ə∫tə statsióni im]

Tren

el tren	**tren** [trɛn]
el tren de cercanías	**tren lokal** [trɛn lokál]
el tren de larga distancia	**tren** [trɛn]
la estación de tren	**stacion treni** [statsión trɛni]
Perdone, ¿dónde está la salida al anden?	**Më falni, ku është dalja për në platformë?** [mə fálni], [ku ə́ʃtə dálja pər nə platfórmə?]

¿Este tren va a ...?	**A shkon ky tren në ...?** [a ʃkon ky trɛn nə ...?]
el siguiente tren	**treni tjetër** [tréni tjétər]
¿Cuándo pasa el siguiente tren?	**Kur vjen treni tjetër?** [kur vjɛn tréni tjétər?]
¿Dónde puedo ver el horario?	**Ku mund të shikoj oraret?** [ku mund tə ʃikój orárɛt?]
¿De qué andén?	**Nga cila platformë?** [ŋa tsíla platfórmə?]
¿Cuándo llega el tren a ...?	**Kur arrin treni në ...** [kur arín tréni nə ...]

Ayudeme, por favor.	**Ju lutem më ndihmoni.** [ju lútɛm mə ndihmóni]
Busco mi asiento.	**Kërkoj ulësen time.** [kərkój úləsɛn tímɛ]
Buscamos nuestros asientos.	**Po kërkojmë ulëset tona.** [po kərkójmə úləsɛt tóna]
Mi asiento está ocupado.	**ulësja ime është zënë.** [úləsja ímɛ ə́ʃtə zénə]
Nuestros asientos están ocupados.	**ulëset tona janë zënë.** [úləsɛt tóna jánə zénə]

Perdone, pero ese es mi asiento.	**Më falni por kjo është ulësja ime.** [mə fálni por kjo ə́ʃtə úləsja imɛ]
¿Está libre?	**A është e zënë kjo ulëse?** [a ə́ʃtə ɛ zénə kjo úləsɛ?]
¿Puedo sentarme aquí?	**Mund të ulem këtu?** [mund tə úlɛm kətú?]

En el tren. Diálogo (Sin billete)

Su billete, por favor.	**Biletën, ju lutem.** [bilétən], [ju lútɛm]
No tengo billete.	**Nuk kam biletë.** [nuk kam bilétə]
He perdido mi billete.	**Humba biletën.** [húmba bilétən]
He olvidado mi billete en casa.	**E harrova biletën në shtëpi.** [ɛ haróva bilétən nə ʃtəpí]

Le puedo vender un billete.	**Mund të blini biletën tek unë.** [mund tə blíni bilétən tɛk únə]
También deberá pagar una multa.	**Duhet gjithashtu të paguani gjobë.** [dúhɛt ɟiθaʃtú tə pagúani ɟóbə]
Vale.	**Në rregull.** [nə réguɫ]
¿A dónde va usted?	**Ku po shkoni?** [ku po ʃkóni?]
Voy a ...	**Po shkoj në ...** [po ʃkoj nə ...]

¿Cuánto es? No lo entiendo.	**Sa kushton? Nuk kuptoj.** [sa kuʃtón? nuk kuptój]
Escríbalo, por favor.	**Shkruajeni, ju lutem.** [ʃkrúajɛni], [ju lútɛm]
Vale. ¿Puedo pagar con tarjeta?	**Në rregull. Mund të paguaj me kartelë krediti?** [nə réguɫ. mund tə pagúaj mɛ kartélə krɛdíti?]
Sí, puede.	**Po, mundeni.** [po], [múndɛni]

Aquí está su recibo.	**Urdhëroni faturën.** [urðəróni fatúrən]
Disculpe por la multa.	**Më vjen keq për gjobën.** [mə vjɛn kɛc pər ɟóbən]
No pasa nada. Fue culpa mía.	**S'ka gjë. ishte gabimi im.** [s'ka ɟə. íʃtɛ gabími im]
Disfrute su viaje.	**Rrugë të mbarë.** [rúgə tə mbárə]

Taxi

taxi
taksi
[táksi]

taxista
shofer taksie
[ʃofér taksíɛ]

coger un taxi
të kap taksi
[tə kap táksi]

parada de taxis
stacion për taksi
[statsión pər táksi]

¿Dónde puedo coger un taxi?
Ku mund të gjej një taksi?
[ku mund tə ɟɛj ɲə táksi?]

llamar a un taxi
thërras një taksi
[θərás ɲə táksi]

Necesito un taxi.
Më nevojitet taksi.
[mə nɛvojítɛt táksi]

Ahora mismo.
Tani.
[taní]

¿Cuál es su dirección?
Cila është adresa juaj?
[tsíla éʃtə adrésa júaj?]

Mi dirección es ...
Adresa ime është ...
[adrésa imɛ éʃtə ...]

¿Cuál es el destino?
Destinacioni juaj?
[dɛstinatsióni júaj?]

Perdone, ...
Më falni, ...
[mə fálni, ...]

¿Está libre?
Jeni i lirë?
[jéni i lírə?]

¿Cuánto cuesta ir a ...?
Sa kushton deri në ...?
[sa kuʃtón déri nə ...?]

¿Sabe usted dónde está?
E dini ku ndodhet?
[ɛ díni ku ndóðɛt?]

Al aeropuerto, por favor.
Në aeroport, ju lutem.
[nə aɛropórt], [ju lútɛm]

Pare aquí, por favor.
Ju lutem, ndaloni këtu.
[ju lútɛm], [ndalóni kətú]

No es aquí.
Nuk është këtu.
[nuk éʃtə kətú]

La dirección no es correcta.
Kjo është adresë e gabuar.
[kjo éʃtə adrésə ɛ gabúar]

Gire a la izquierda.
Kthehuni majtas.
[kθéhuni májtas]

Gire a la derecha.
Kthehuni djathtas.
[kθéhuni djáθtas]

¿Cuánto le debo?

Sa ju detyrohem?
[sa ju dɛtyróhɛm?]

¿Me da un recibo, por favor?

Ju lutem, më jepni një faturë.
[ju lútɛm], [mə jépni ɲə fatúrə]

Quédese con el cambio.

Mbajeni kusurin.
[mbájɛni kusúrin]

Espéreme, por favor.

Mund të më prisni, ju lutem?
[mund tə mə prísni], [ju lútɛm?]

cinco minutos

pesë minuta
[pésə minúta]

diez minutos

dhjetë minuta
[ðjétə minúta]

quince minutos

pesëmbëdhjetë minuta
[pɛsəmbəðjétə minúta]

veinte minutos

njëzet minuta
[ɲəzét minúta]

media hora

gjysmë ore
[ɟýsmə órɛ]

Hotel

Hola.	**Përshëndetje.** [pərʃəndétjɛ]
Me llamo ...	**Më quajnë ...** [mə cúajnə ...]
Tengo una reserva.	**Kam një rezervim.** [kam ɲə rɛzɛrvím]

Necesito ...	**Më nevojitet ...** [mə nɛvojítɛt ...]
una habitación individual	**dhomë teke** [ðómə tékɛ]
una habitación doble	**dhomë dyshe** [ðómə dýʃɛ]
¿Cuánto cuesta?	**Sa kushton?** [sa kuʃtón?]
Es un poco caro.	**Është pak shtrenjtë.** [éʃtə pak ʃtréɲtə]

¿Tiene alguna más?	**Keni ndonjë gjë tjetër?** [kéni ndóɲə ɟə tjétər?]
Me quedo.	**Do ta marr.** [do ta mar]
Pagaré en efectivo.	**Do paguaj me para në dorë.** [do pagúaj mɛ pará nə dórə]

Tengo un problema.	**Kam një problem.** [kam ɲə problém]
Mi ... no funciona.	**Më është prishur ...** [mə éʃtə príʃur ...]
Mi ... está fuera de servicio.	**Nuk funksionon ...** [nuk funksionón ...]
televisión	**televizor** [tɛlɛvizór]
aire acondicionado	**kondicioner** [konditsionér]
grifo	**çezma** [tʃézma]

ducha	**dushi** [duʃi]
lavabo	**lavamani** [lavamáni]
caja fuerte	**kasaforta** [kasafórta]

cerradura	**brava e derës** [bráva ɛ dérəs]
enchufe	**paneli elektrik** [panéli ɛlɛktrík]
secador de pelo	**tharësja e flokëve** [θárəsja ɛ flókəvɛ]

No tengo ...	**Nuk kam ...** [nuk kam ...]
agua	**ujë** [újə]
luz	**drita** [dríta]
electricidad	**korrent** [korént]

¿Me puede dar ...?	**Mund të më jepni ...?** [mund tə mə jépni ...?]
una toalla	**një peshqir** [ɲə pɛʃcír]
una sábana	**një çarçaf** [ɲə tʃartʃáf]
unas chanclas	**shapka** [ʃápka]
un albornoz	**penuar** [pɛnuár]
un champú	**shampo** [ʃampó]
jabón	**sapun** [sapún]

Quisiera cambiar de habitación.	**Dua të ndryshoj dhomën.** [dúa tə ndryʃój ðómən]
No puedo encontrar mi llave.	**Nuk po gjej çelësin.** [nuk po ɟɛj tʃéləsin]
Por favor abra mi habitación.	**Mund të më hapni derën, ju lutem?** [mund tə mə hápni dérən], [ju lútɛm?]
¿Quién es?	**Kush është?** [kuʃ éʃtə?]
¡Entre!	**Hyni!** [hýni!]
¡Un momento!	**Një minutë!** [ɲə minútə!]
Ahora no, por favor.	**Jo tani, ju lutem.** [jo taní], [ju lútɛm]

Venga a mi habitación, por favor.	**Ju lutem, ejani në dhomë.** [ju lútɛm], [éjani nə ðómə]
Quisiera hacer un pedido.	**Dua të porosisja ushqim.** [dúa tə porosísja uʃcím]
Mi número de habitación es ...	**Numri i dhomës është ...** [númri i ðóməs éʃtə ...]

Me voy …	**Po largohem …** [po largóhɛm …]
Nos vamos …	**Po largohemi …** [po largóhɛmi …]
Ahora mismo	**tani** [taní]
esta tarde	**këtë pasdite** [kétə pasdítɛ]
esta noche	**sonte** [sóntɛ]
mañana	**nesër** [nésər]
mañana por la mañana	**nesër në mëngjes** [nésər nə mənɟés]
mañana por la noche	**nesër në mbrëmje** [nésər nə mbrémjɛ]
pasado mañana	**pasnesër** [pasnésər]

Quisiera pagar la cuenta.	**Dua të paguaj.** [dúa tə pagúaj]
Todo ha estado estupendo.	**Gjithçka ishte e mrekullueshme.** [ɟiθtʃká íʃtɛ ɛ mrɛkuɫúɛʃmɛ]
¿Dónde puedo coger un taxi?	**Ku mund të gjej një taksi?** [ku mund tə ɟɛj ɲə táksi?]
¿Puede llamarme un taxi, por favor?	**Mund të më thërrisni një taksi, ju lutem?** [mund tə mə θərísni ɲə táksi], [ju lútɛm?]

Restaurante

¿Puedo ver el menú, por favor?

Mund të shoh menynë, ju lutem?
[mund tə ʃoh mɛnýnə], [ju lútɛm?]

Mesa para uno.

Tavolinë për një person.
[tavolínə pər ɲə pɛrsón]

Somos dos (tres, cuatro).

Jemi dy (tre, katër) vetë.
[jémi dy (trɛ], [kátər) vétə]

Para fumadores

Lejohet duhani
[lɛjóhɛt duháni]

Para no fumadores

Ndalohet duhani
[ndalóhɛt duháni]

¡Por favor! (llamar al camarero)

Më falni!
[mə fálni!]

la carta

menyja
[mɛnýja]

la carta de vinos

menyja e verave
[mɛnýja ɛ véravɛ]

La carta, por favor.

Menynë, ju lutem.
[mɛnýnə], [ju lútɛm]

¿Está listo para pedir?

Jeni gati për të dhënë porosinë?
[jéni gáti pər tə ðǝnə porosínə?]

¿Qué quieren pedir?

Çfarë do të merrni?
[tʃfárə do tə mérni?]

Yo quiero ...

Do të marr ...
[do tə mar ...]

Soy vegetariano.

Jam vegjetarian /vegjetariane/.
[jam vɛɟɛtarián /vɛɟɛtariánɛ/]

carne

mish
[miʃ]

pescado

peshk
[pɛʃk]

verduras

perime
[pɛrímɛ]

¿Tiene platos para vegetarianos?

Keni gatime për vegjetarianë?
[kéni gatímɛ pər vɛɟɛtariánə?]

No como cerdo.

Nuk ha mish derri.
[nuk ha miʃ déri]

Él /Ella/ no come carne.

Ai /Ajo/ nuk ha mish.
[aí /ajó/ nuk ha miʃ]

Soy alérgico a ...

Kam alergji nga ...
[kam alɛrɟí ŋa ...]

¿Me puede traer ..., por favor?

Mund të më sillni ...
[mund tə mə síłni ...]

sal | pimienta | azúcar

kripë | piper | sheqer
[krípə | pipér | ʃɛcér]

café | té | postre

kafe | çaj | ëmbëlsirë
[káfɛ | tʃaj | əmbəlsírə]

agua | con gas | sin gas

ujë | me gaz | pa gaz
[újə | mɛ gaz | pa gaz]

una cuchara | un tenedor | un cuchillo

një lugë | pirun | thikë
[ɲə lúgə | pirún | θíkə]

un plato | una servilleta

një pjatë | pecetë
[ɲə pjátə | pɛtsétə]

¡Buen provecho!

Ju bëftë mirë!
[ju bǽftə mírə!]

Uno más, por favor.

Dhe një tjetër, ju lutem.
[ðɛ ɲə tjétər], [ju lútɛm]

Estaba delicioso.

ishte shumë e shijshme.
[íʃtɛ ʃúmə ɛ ʃíjʃmɛ]

---

la cuenta | el cambio | la propina

llogari | kusur | bakshish
[łogarí | kusúr | bakʃíʃ]

La cuenta, por favor.

Llogarinë, ju lutem.
[łogarínə], [ju lútɛm]

¿Puedo pagar con tarjeta?

Mund të paguaj me kartelë krediti?
[mund tə pagúaj mɛ kartélə krɛdíti?]

Perdone, aquí hay un error.

Më falni por ka një gabim këtu.
[mə fálni por ka ɲə gabím kətú]

De Compras

¿Puedo ayudarle?

Mund t'ju ndihmoj?
[mund t'ju ndihmój?]

¿Tiene ...?

Keni ...?
[kéni ...?]

Busco ...

Kërkoj ...
[kərkój ...]

Necesito ...

Më nevojitet ...
[mə nɛvojítɛt ...]

Sólo estoy mirando.

Thjesht po shoh.
[θjɛʃt po ʃoh]

Sólo estamos mirando.

Thjesht po shohim.
[θjɛʃt po ʃóhim]

Volveré más tarde.

Do vij më vonë.
[do víj mə vónə]

Volveremos más tarde.

Do vijmë më vonë.
[do víjmə mə vónə]

descuentos | oferta

ulje çmimesh | ulje
[úljɛ tʃmímɛʃ | úljɛ]

Por favor, enséñeme ...

Ju lutem mund të më tregoni ...
[ju lútɛm mund tə mə trɛgóni ...]

¿Me puede dar ..., por favor?

Ju lutem mund të më jepni ...
[ju lútɛm mund tə mə jépni ...]

¿Puedo probarmelo?

Mund ta provoj?
[mund ta provój?]

Perdone, ¿dónde están los probadores?

Më falni, ku është dhoma e provës?
[mə fálni], [ku éʃtə ðóma ɛ próvəs?]

¿Qué color le gustaría?

Çfarë ngjyre e doni?
[tʃfárə nɟyrɛ ɛ dóni?]

la talla | el largo

numri | gjatësia
[númri | ɟatəsía]

¿Cómo le queda? (¿Está bien?)

Si ju rri?
[si ju rí?]

¿Cuánto cuesta esto?

Sa kushton?
[sa kuʃtón?]

Es muy caro.

Është shumë shtrenjtë.
[éʃtə ʃúmə ʃtréɲtə]

Me lo llevo.

Do ta marr.
[do ta mar]

Perdone, ¿dónde está la caja?

Më falni, ku duhet të paguaj?
[mə fálni], [ku dúhɛt tə pagúaj?]

¿Pagará en efectivo o con tarjeta?

Do paguani me para në dorë apo kartelë krediti?
[do pagúani mɛ pará nə dórə apo kartélə krɛdíti?]

en efectivo | con tarjeta

Me para në dorë | me kartelë krediti
[mɛ pará nə dórə | mɛ kartélə krɛdíti]

¿Quiere el recibo?

Dëshironi faturën?
[dəʃiróni fatúrən?]

Sí, por favor.

Po faleminderit.
[po falɛmindérit]

No, gracias.

Jo, s'ka problem.
[jo], [s'ka problém]

Gracias. ¡Que tenga un buen día!

Faleminderit. Ditë të mbarë!
[falɛmindérit. dítə tə mbárə!]

En la ciudad

Perdone, por favor.	**Më falni, ju lutem.** [mə fálni], [ju lútɛm]
Busco ...	**Kërkoj ...** [kərkój ...]
el metro	**metronë** [mɛtrónə]
mi hotel	**hotelin** [hotélin]
el cine	**kinemanë** [kinɛmánə]
una parada de taxis	**një stacion për taksi** [ɲə statsión pər táksi]

un cajero automático	**një bankomat** [ɲə bankomát]
una oficina de cambio	**një zyrë shkëmbimi parash** [ɲə zýrə ʃkəmbími paráʃ]
un cibercafé	**një internet kafe** [ɲə intɛrnét káfɛ]
la calle ...	**rrugën ...** [rúgən ...]
este lugar	**këtë vend** [kétə vɛnd]

¿Sabe usted dónde está ...?	**Dini ku ndodhet ...?** [díni ku ndóðɛt ...?]
¿Cómo se llama esta calle?	**Cila rrugë është kjo?** [tsíla rúgə éʃtə kjó?]
Muestreme dónde estamos ahora.	**Më tregoni ku ndodhemi tani.** [mə trɛgóni ku ndóðɛmi taní]
¿Puedo llegar a pie?	**Mund të shkoj me këmbë deri atje?** [mund tə ʃkoj mɛ kémbə déri atjé?]
¿Tiene un mapa de la ciudad?	**Keni hartë të qytetit?** [kéni hártə tə cytétit?]

¿Cuánto cuesta la entrada?	**Sa kushton një biletë hyrje?** [sa kuʃtón ɲə bilétə hýrjɛ?]
¿Se pueden hacer fotos aquí?	**Mund të bëj fotografi këtu?** [mund tə bəj fotografí kətú?]
¿Está abierto?	**Jeni të hapur?** [jéni tə hápur?]

¿A qué hora abren?

Kur hapeni?
[kur hápɛni?]

¿A qué hora cierran?

Kur mbylleni?
[kur mbýɫɛni?]

Dinero

dinero	**para** [pará]
efectivo	**para në dorë** [pará nə dórə]
billetes	**kartëmonedha** [kartəmonéða]
monedas	**kusur** [kusúr]
la cuenta | el cambio | la propina	**llogari | kusur | bakshish** [ɫogarí | kusúr | bakʃíʃ]

la tarjeta de crédito	**kartelë krediti** [kartélə krɛdíti]
la cartera	**portofol** [portofól]
comprar	**të blej** [tə blɛj]
pagar	**të paguaj** [tə pagúaj]
la multa	**gjobë** [ɟóbə]
gratis	**falas** [fálas]

¿Dónde puedo comprar …?	**Ku mund të blej …?** [ku mund tə blέj …?]
¿Está el banco abierto ahora?	**Është banka e hapur tani?** [əʃtə bánka ɛ hápur taní?]
¿A qué hora abre?	**Kur hapet?** [kur hápɛt?]
¿A qué hora cierra?	**Kur mbyllet?** [kur mbýɫɛt?]

¿Cuánto cuesta?	**Sa kushton?** [sa kuʃtón?]
¿Cuánto cuesta esto?	**Sa kushton kjo?** [sa kuʃtón kjo?]
Es muy caro.	**Është shumë shtrenjtë.** [əʃtə ʃúmə ʃtréɲtə]

Perdone, ¿dónde está la caja?	**Më falni, ku duhet të paguaj?** [mə fálni], [ku dúhɛt tə pagúaj?]
La cuenta, por favor.	**Llogarinë, ju lutem.** [ɫogarínə], [ju lútɛm]

¿Puedo pagar con tarjeta?

¿Hay un cajero por aquí?

Busco un cajero automático.

Mund të paguaj me kartelë krediti?
[mund tə pagúaj mɛ kartélə krɛdíti?]
Ka ndonjë bankomat këtu?
[ka ndóɲə bankomát kətú?]
Kërkoj një bankomat.
[kərkój ɲə bankomát]

Busco una oficina de cambio.

Quisiera cambiar ...

¿Cuál es el tipo de cambio?

¿Necesita mi pasaporte?

Kërkoj një zyrë të këmbimit valutor.
[kərkój ɲə zýrə tə kəmbímit valutór]
Dua të këmbej ...
[dúa tə kəmbéj ...]
Sa është kursi i këmbimit?
[sa ə́ʃtə kúrsi i kəmbímit?]
Ju duhet pasaporta ime?
[ju dúhɛt pasapórta ímɛ?]

Tiempo

¿Qué hora es?
Sa është ora?
[sa éʃtə óra?]

¿Cuándo?
Kur?
[kur?]

¿A qué hora?
Në çfarë ore?
[nə tʃfárə órɛ?]

ahora | luego | después de ...
tani | më vonë | pas ...
[taní | mə vónə | pas ...]

la una
ora një
[óra ɲə]

la una y cuarto
një e çerek
[ɲə ɛ tʃɛrék]

la una y medio
një e tridhjetë
[ɲə ɛ triðjétə]

las dos menos cuarto
një e dyzet e pesë
[ɲə ɛ dyzét ɛ pésə]

una | dos | tres
një | dy | tre
[ɲə | dy | trɛ]

cuatro | cinco | seis
katër | pesë | gjashtë
[kátər | pésə | ɟáʃtə]

siete | ocho | nueve
shtatë | tetë | nëntë
[ʃtátə | tétə | néntə]

diez | once | doce
dhjetë | njëmbëdhjetë | dymbëdhjetë
[ðjétə | ɲəmbəðjétə | dymbəðjétə]

en ...
për ...
[pər ...]

cinco minutos
pesë minuta
[pésə minúta]

diez minutos
dhjetë minuta
[ðjétə minúta]

quince minutos
pesëmbëdhjetë minuta
[pɛsəmbəðjétə minúta]

veinte minutos
njëzet minuta
[ɲəzét minúta]

media hora
gjysmë ore
[ɟýsmə órɛ]

una hora
një orë
[ɲə órə]

por la mañana	**në mëngjes** [nə mənɟés]
por la mañana temprano	**në mëngjes herët** [nə mənɟés hérət]
esta mañana	**sot në mëngjes** [sot nə mənɟés]
mañana por la mañana	**nesër në mëngjes** [nésər nə mənɟés]

al mediodía	**në mesditë** [nə mɛsdítə]
por la tarde	**në pasdite** [nə pasdítɛ]
por la noche	**në mbrëmje** [nə mbrémjɛ]
esta noche	**sonte** [sóntɛ]

por la noche	**natën** [nátən]
ayer	**dje** [djé]
hoy	**sot** [sot]
mañana	**nesër** [nésər]
pasado mañana	**pasnesër** [pasnésər]

¿Qué día es hoy?	**Çfarë dite është sot?** [tʃfárə dítɛ ə́ʃtə sot?]
Es ...	**Është ...** [ə́ʃtə ...]
lunes	**E hënë** [ɛ hə́nə]
martes	**E martë** [ɛ mártə]
miércoles	**E mërkurë** [ɛ mərkúrə]

jueves	**E enjte** [ɛ éɲtɛ]
viernes	**E premte** [ɛ prémtɛ]
sábado	**E shtunë** [ɛ ʃtúnə]
domingo	**E diel** [ɛ díɛl]

Saludos. Presentaciones.

Hola.	**Përshëndetje.** [pərʃəndétjɛ]
Encantado /Encantada/ de conocerle.	**Kënaqësi që u njohëm.** [kənacəsí cə u ɲóhəm]
Yo también.	**Gjithashtu.** [ɟiθaʃtú]
Le presento a ...	**Ju prezantoj me ...** [ju prɛzantój mɛ ...]
Encantado.	**Gëzohem që u njohëm.** [gəzóhɛm cə u ɲóhəm]

¿Cómo está?	**Si jeni?** [si jéni?]
Me llamo ...	**Më quajnë ...** [mə cúajnə ...]
Se llama ...	**Ai quhet ...** [ai cúhɛt ...]
Se llama ...	**Ajo quhet ...** [ajó cúhɛt ...]
¿Cómo se llama (usted)?	**Si quheni?** [si cúhɛni?]
¿Cómo se llama (él)?	**Si e quajnë?** [si ɛ cúajnə?]
¿Cómo se llama (ella)?	**Si e quajnë?** [si ɛ cúajnə?]

¿Cuál es su apellido?	**Si e keni mbiemrin?** [si ɛ kéni mbiémrin?]
Puede llamarme ...	**Mund të më thërrisni ...** [mund tə mə θərísni ...]
¿De dónde es usted?	**Nga jeni?** [ŋa jéni?]
Yo soy de	**Jam nga ...** [jam ŋa ...]
¿A qué se dedica?	**Me çfarë merreni?** [mɛ tʃfárə mérɛni?]
¿Quién es?	**Kush është ky?** [kuʃ ə́ʃtə ky?]
¿Quién es él?	**Kush është ai?** [kuʃ ə́ʃtə ái?]
¿Quién es ella?	**Kush është ajo?** [kuʃ ə́ʃtə ajó?]
¿Quiénes son?	**Kush janë ata?** [kuʃ jánə atá?]

Este es ...	**Ky /Kjo/ është ...**
	[ky /kjo/ ə́ʃtə ...]
mi amigo	**shoku im**
	[ʃóku im]
mi amiga	**shoqja ime**
	[ʃócja ímɛ]
mi marido	**bashkëshorti im**
	[baʃkəʃórti im]
mi mujer	**bashkëshortja ime**
	[baʃkəʃórtja imɛ]

mi padre	**babai im**
	[babái im]
mi madre	**nëna ime**
	[nə́na ímɛ]
mi hermano	**vëllai im**
	[vəɫái im]
mi hermana	**motra ime**
	[mótra ímɛ]
mi hijo	**djali im**
	[djáli im]
mi hija	**vajza ime**
	[vájza ímɛ]

Este es nuestro hijo.	**Ky është djali ynë.**
	[ky ə́ʃtə djáli ýnə]
Esta es nuestra hija.	**Kjo është vajza jonë.**
	[kjo ə́ʃtə vájza jónə]
Estos son mis hijos.	**Këta janë fëmijët e mi.**
	[kətá jánə fəmíjət ɛ mi]
Estos son nuestros hijos.	**Këta janë fëmijët tanë.**
	[kətá jánə fəmíjət tánə]

Despedidas

¡Adiós!

Mirupafshim!
[mirupáfʃim!]

¡Chau!

Pafshim!
[páfʃim!]

Hasta mañana.

Shihemi nesër.
[ʃíhɛmi nésər]

Hasta pronto.

Shihemi së shpejti.
[ʃíhɛmi sə ʃpéjti]

Te veo a las siete.

Shihemi në orën shtatë.
[ʃíhɛmi nə órən ʃtátə]

¡Que se diviertan!

ia kalofshi mirë!
[ía kalófʃi mírə!]

Hablamos más tarde.

Flasim më vonë.
[flásim mə vónə]

Que tengas un buen fin de semana.

Fundjavë të këndshme.
[fundjávə tə kəndʃmɛ]

Buenas noches.

Natën e mirë.
[nátən ɛ mírə]

Es hora de irme.

erdhi koha të ik.
[érði kóha tə ik]

Tengo que irme.

Duhet të ik.
[dúhɛt tə ik]

Ahora vuelvo.

Kthehem menjëherë.
[kθéhɛm mɛɲəhérə]

Es tarde.

Është vonë.
[əʃtə vónə]

Tengo que levantarme temprano.

Duhet të ngrihem herët.
[dúhɛt tə ŋríhɛm hérət]

Me voy mañana.

Do ik nesër.
[do ik nésər]

Nos vamos mañana.

Do ikim nesër.
[do íkim nésər]

¡Que tenga un buen viaje!

Udhëtim të mbarë!
[uðətím tə mbárə!]

Ha sido un placer.

ishte kënaqësi.
[íʃtɛ kənacəsí]

Fue un placer hablar con usted.

ishte kënaqësi që folëm.
[íʃtɛ kənacəsí cə fóləm]

Gracias por todo.

Faleminderit për gjithçka.
[falɛmindérit pər ɟíθtʃka]

Lo he pasado muy bien.

ia kalova shumë mirë.
[ía kalóva ʃúmə mírə]

Lo pasamos muy bien.

ia kaluam shumë mirë.
[ía kalúam ʃúmə mírə]

Fue genial.

ishte vërtet fantastike.
[íʃtɛ vərtét fantastíkɛ]

Le voy a echar de menos.

Do më marrë malli.
[do mə márə máɫi]

Le vamos a echar de menos.

Do na marrë malli.
[do na márə máɫi]

¡Suerte!

Suksese!
[suksésɛ!]

Saludos a ...

I bën të fala ...
[i bən tə fála ...]

Idioma extranjero

No entiendo.	**Nuk kuptoj.** [nuk kuptój]
Escríbalo, por favor.	**Shkruajeni, ju lutem.** [ʃkrúajɛni], [ju lútɛm]
¿Habla usted ...?	**Flisni ...?** [flísni ...?]

Hablo un poco de ...	**Flas pak ...** [flás pak ...]
inglés	**Anglisht** [aŋlíʃt]
turco	**Turqisht** [turcíʃt]
árabe	**Arabisht** [arabíʃt]
francés	**Frëngjisht** [frənɟíʃt]

alemán	**Gjermanisht** [ɟɛrmaníʃt]
italiano	**Italisht** [italíʃt]
español	**Spanjisht** [spaɲíʃt]
portugués	**Portugalisht** [portugalíʃt]
chino	**Kinezisht** [kinɛzíʃt]
japonés	**Japonisht** [japoníʃt]

¿Puede repetirlo, por favor?	**Mund ta përsërisni, ju lutem.** [mund ta pərsərísni], [ju lútɛm]
Lo entiendo.	**Kuptoj.** [kuptój]
No entiendo.	**Nuk kuptoj.** [nuk kuptój]
Hable más despacio, por favor.	**Ju lutem, flisni më ngadalë.** [ju lútɛm], [flísni mə ŋadálə]

¿Está bien?	**E saktë?** [ɛ sáktə?]
¿Qué es esto? (¿Que significa esto?)	**Çfarë është kjo?** [tʃfárə əʃtə kjó?]

Disculpas

Perdone, por favor.

Më falni.
[mə fálni]

Lo siento.

Më vjen keq.
[mə vjɛn kɛc]

Lo siento mucho.

Më vjen shumë keq.
[mə vjɛn ʃúmə kɛc]

Perdón, fue culpa mía.

Më fal, është faji im.
[mə fal], [ə́ʃtə fáji im]

Culpa mía.

Gabimi im.
[gabími im]

¿Puedo ...?

Mund të ...?
[mund tə ...?]

¿Le molesta si ...?

Ju vjen keq nëse ...?
[ju vjɛn kɛc nə́sɛ ...?]

¡No hay problema! (No pasa nada.)

Është në rregull.
[ə́ʃtə nə réguɫ]

Todo está bien.

Është në rregull.
[ə́ʃtə nə réguɫ]

No se preocupe.

Mos u shqetësoni.
[mos u ʃcɛtəsóni]

Acuerdos

Sí.	**Po.** [po]
Sí, claro.	**Po, sigurisht.** [po], [siguríʃt]
Bien.	**Në rregull.** [nə réguɫ]
Muy bien.	**Shumë mirë.** [ʃúmə mírə]
¡Claro que sí!	**Sigurisht!** [siguríʃt!]
Estoy de acuerdo.	**Jam dakord.** [jam dakórd]

Es verdad.	**E saktë.** [ɛ sáktə]
Es correcto.	**E drejtë.** [ɛ dréjtə]
Tiene razón.	**Keni të drejtë.** [kéni tə dréjtə]
No me molesta.	**S'e kam problem.** [s'ɛ kam problém]
Es completamente cierto.	**Absolutisht e drejtë.** [absolutíʃt ɛ dréjtə]

Es posible.	**Është e mundur.** [əʃtə ɛ múndur]
Es una buena idea.	**Ide e mirë.** [idé ɛ mírə]
No puedo decir que no.	**Nuk them dot jo.** [nuk θɛm dot jo]
Estaré encantado /encantada/.	**Është kënaqësi.** [əʃtə kənacəsí]
Será un placer.	**Me kënaqësi.** [mɛ kənacəsí]

Rechazo. Expresar duda

No.

Jo.
[jo]

Claro que no.

Sigurisht që jo.
[siguríʃt cə jo]

No estoy de acuerdo.

Nuk jam dakord.
[nuk jam dakórd]

No lo creo.

Nuk ma ha mendja.
[nuk ma ha méndja]

No es verdad.

Nuk është e vërtetë.
[nuk éʃtə ɛ vərtétə]

No tiene razón.

E keni gabim.
[ɛ kéni gabím]

Creo que no tiene razón.

Më duket se e keni gabim.
[mə dúkɛt sɛ ɛ kéni gabím]

No estoy seguro /segura/.

Nuk jam i sigurt.
[nuk jam i sígurt]

No es posible.

Është e pamundur.
[éʃtə ɛ pámundur]

¡Nada de eso!

Asgjë e këtij lloji!
[asɟə ɛ kətíj ɬóji!]

Justo lo contrario.

Krejt e kundërta.
[kréjt ɛ kúndərta]

Estoy en contra de ello.

Jam kundër.
[jam kúndər]

No me importa. (Me da igual.)

Nuk më intereson.
[nuk mə intɛrɛsón]

No tengo ni idea.

Nuk e kam idenë.
[nuk ɛ kam idénə]

Dudo que sea así.

Dyshoj.
[dyʃój]

Lo siento, no puedo.

Më falni, nuk mundem.
[mə fálni], [nuk múndɛm]

Lo siento, no quiero.

Më vjen keq, nuk dua.
[mə vjɛn kɛc], [nuk dúa]

Gracias, pero no lo necesito.

Faleminderit, por s'kam nevojë për këtë.
[falɛmindérit], [por s'kam nɛvójə pər kətə́]

Ya es tarde.

Po shkon vonë.
[po ʃkon vónə]

Tengo que levantarme temprano.

Duhet të ngrihem herët.
[dúhɛt tə ŋríhɛm hérət]

Me encuentro mal.

Nuk ndihem mirë.
[nuk ndíhɛm mírə]

Expresar gratitud

Gracias.	**Faleminderit.** [falɛmindérit]
Muchas gracias.	**Faleminderit shumë.** [falɛmindérit ʃúmə]
De verdad lo aprecio.	**E vlerësoj shumë.** [ɛ vlɛrəsój ʃúmə]
Se lo agradezco.	**Ju jam shumë mirënjohës.** [ju jam ʃúmə mirəɲóhəs]
Se lo agradecemos.	**Ju jemi shumë mirënjohës.** [ju jémi ʃúmə mirəɲóhəs]

Gracias por su tiempo.	**Faleminderit për kohën që më kushtuat.** [falɛmindérit pər kóhən cə mə kuʃtúat]
Gracias por todo.	**Faleminderit për gjithçka.** [falɛmindérit pər ɟíθtʃka]
Gracias por ...	**Faleminderit për ...** [falɛmindérit pər ...]
su ayuda	**ndihmën tuaj** [ndíhmən túaj]
tan agradable momento	**kohën e këndshme** [kóhən ɛ kéndʃmɛ]

una comida estupenda	**një vakt i mrekullueshëm** [ɲə vakt i mrɛkuɫúɛʃəm]
una velada tan agradable	**një mbrëmje e këndshme** [ɲə mbrəmjɛ ɛ kéndʃmɛ]
un día maravilloso	**një ditë e mrekullueshme** [ɲə dítə ɛ mrɛkuɫúɛʃmɛ]
un viaje increíble	**një udhëtim i mahnitshëm** [ɲə uðətím i mahnítʃəm]

No hay de qué.	**Mos u shqetësoni fare.** [mos u ʃcɛtəsóni fárɛ]
De nada.	**Ju lutem.** [ju lútɛm]
Siempre a su disposición.	**Në çdo kohë.** [nə tʃdo kóhə]
Encantado /Encantada/ de ayudarle.	**Kënaqësia ime.** [kənacəsía ímɛ]

No hay de qué.

Harroje.
[harójɛ]

No tiene importancia.

Mos u shqetësoni.
[mos u ʃcɛtəsóni]

Felicitaciones , Mejores Deseos

¡Felicidades!	**Urime!**
	[urímɛ!]
¡Feliz Cumpleaños!	**Gëzuar ditëlindjen!**
	[gəzúar ditəlíndjɛn!]
¡Feliz Navidad!	**Gëzuar Krishtlindjet!**
	[gəzúar kriʃtlíndjɛt!]
¡Feliz Año Nuevo!	**Gëzuar Vitin e Ri!**
	[gəzúar vítin ɛ ri!]

¡Felices Pascuas!	**Gëzuar Pashkët!**
	[gəzúar páʃkət!]
¡Feliz Hanukkah!	**Gëzuar Hanukkah!**
	[gəzúar hanúkkah!]

Quiero brindar.	**Dua të ngre një dolli.**
	[dúa tə ŋré ɲə doɬi]
¡Salud!	**Gëzuar!**
	[gəzúar!]
¡Brindemos por ...!	**Le të pijmë në shëndetin e ...!**
	[lɛ tə píjmə nə ʃəndétin ɛ ...!]
¡A nuestro éxito!	**Për suksesin tonë!**
	[pər suksésin tónə!]
¡A su éxito!	**Për suksesin tuaj!**
	[pər suksésin túaj!]

¡Suerte!	**Suksese!**
	[suksésɛ!]
¡Que tenga un buen día!	**Uroj një ditë të mbarë!**
	[urój ɲə dítə tə mbárə!]
¡Que tenga unas buenas vacaciones!	**Uroj pushime të këndshme!**
	[urój puʃímɛ tə kéndʃmɛ!]
¡Que tenga un buen viaje!	**Udhëtim të mbarë!**
	[uðətím tə mbárə!]
¡Espero que se recupere pronto!	**Ju dëshiroj shërim të shpejtë!**
	[ju dəʃirój ʃərím tə ʃpéjtə!]

Socializarse

¿Por qué está triste?

Pse jeni i /e/ mërzitur?
[psɛ jéni i /ɛ/ mərzítur?]

¡Sonría! ¡Anímese!

Buzëqeshni! Gëzohuni!
[buzəcéʃni! gəzóhuni!]

¿Está libre esta noche?

Je i /e/ lirë sonte?
[jɛ i /ɛ/ lírə sóntɛ?]

¿Puedo ofrecerle algo de beber?

Mund t'ju ofroj një pije?
[mund t'ju ofrój ɲə píjɛ?]

¿Querría bailar conmigo?

Doni të kërcejmë?
[dóni tə kərtséjmə?]

Vamos a ir al cine.

Shkojmë në kinema.
[ʃkójmə nə kinɛmá]

¿Puedo invitarle a …?

Mund t'ju ftoj …?
[mund t'ju ftoj …?]

un restaurante

në restorant
[nə rɛstoránt]

el cine

në kinema
[nə kinɛmá]

el teatro

në teatër
[nə tɛátər]

dar una vuelta

për një shëtitje
[pər ɲə ʃətítjɛ]

¿A qué hora?

Në çfarë ore?
[nə tʃfárə órɛ?]

esta noche

sonte
[sóntɛ]

a las seis

në gjashtë
[nə ɟáʃtə]

a las siete

në shtatë
[nə ʃtátə]

a las ocho

në tetë
[nə tétə]

a las nueve

në nëntë
[nə néntə]

¿Le gusta este lugar?

Ju pëlqen këtu?
[ju pəlcén kətú?]

¿Está aquí con alguien?

Keni ardhur të shoqëruar?
[kéni árður tə ʃocərúar?]

Estoy con mi amigo /amiga/.

Jam me një shok /shoqe/.
[jam mɛ ɲə ʃok /ʃócɛ/]

Estoy con amigos.	**Jam me shoqëri.** [jam mɛ ʃocərí]
No, estoy solo /sola/.	**Jo, jam vetëm.** [jo], [jam vétəm]

¿Tienes novio?	**Ke të dashur?** [kɛ tə dáʃur?]
Tengo novio.	**Kam të dashur.** [kam tə dáʃur]
¿Tienes novia?	**Ke të dashur?** [kɛ tə dáʃur?]
Tengo novia.	**Kam të dashur.** [kam tə dáʃur]

¿Te puedo volver a ver?	**Mund të takohemi përsëri?** [mund tə takóhɛmi pərsərí?]
¿Te puedo llamar?	**Mund të të telefonoj?** [mund tə tə tɛlɛfonój?]
Llámame.	**Më telefono.** [mə tɛlɛfonó]
¿Cuál es tu número?	**Cili është numri yt?** [tsíli əʃtə númri yt?]
Te echo de menos.	**Më mungon.** [mə muŋón]

¡Qué nombre tan bonito!	**Keni emër të bukur.** [kéni émər tə búkur]
Te quiero.	**Të dua.** [tə dúa]
¿Te casarías conmigo?	**Do martohesh me mua?** [do martóheʃ mɛ múa?]
¡Está de broma!	**Bëni shaka!** [béni ʃaká!]
Sólo estoy bromeando.	**Bëj shaka.** [bəj ʃaká]

¿En serio?	**E keni seriozisht?** [ɛ kéni sɛriozíʃt?]
Lo digo en serio.	**E kam seriozisht.** [ɛ kam sɛriozíʃt]
¿De verdad?	**Vërtet?!** [vərtét?!]
¡Es increíble!	**E pabesueshme!** [ɛ pabɛsúeʃmɛ!]
No le creo.	**S'ju besoj.** [s'ju bɛsój]
No puedo.	**S'mundem.** [s'múndɛm]
No lo sé.	**Nuk e di.** [nuk ɛ di]
No le entiendo.	**Nuk ju kuptoj.** [nuk ju kuptój]

Váyase, por favor.

Ju lutem largohuni.
[ju lútɛm largóhuni]

¡Déjeme en paz!

Më lini të qetë!
[mə líni tə cétə!]

Es inaguantable.

Se duroj dot.
[sɛ durój dot]

¡Es un asqueroso!

Jeni të neveritshëm!
[jéni tə nɛvɛrítʃəm!]

¡Llamaré a la policía!

Do thërras policinë!
[do θərás politsínə!]

Compartir impresiones. Emociones

Me gusta.	**Më pëlqen.** [mə pəlcén]
Muy lindo.	**Shumë bukur** [ʃúmə búkur]
¡Es genial!	**Fantastike!** [fantastíkɛ!]
No está mal.	**Nuk është keq.** [nuk əʃtə kɛc]

No me gusta.	**Nuk më pëlqen.** [nuk mə pəlcén]
No está bien.	**Nuk është mirë.** [nuk əʃtə mírə]
Está mal.	**Është keq.** [əʃtə kɛc]
Está muy mal.	**Është shumë keq.** [əʃtə ʃúmə kɛc]
¡Qué asco!	**Është e shpifur.** [əʃtə ɛ ʃpífur]

Estoy feliz.	**Jam i /e/ lumtur.** [jam i /ɛ/ lúmtur]
Estoy contento /contenta/.	**Jam i /e/ kënaqur.** [jam i /ɛ/ kənácur]
Estoy enamorado /enamorada/.	**Jam i /e/ dashuruar.** [jam i /ɛ/ daʃurúar]
Estoy tranquilo.	**Jam i /e/ qetë.** [jam i /ɛ/ cétə]
Estoy aburrido.	**Jam i /e/ mërzitur.** [jam i /ɛ/ mərzítur]

Estoy cansado /cansada/.	**Jam i /e/ lodhur.** [jam i /ɛ/ lóður]
Estoy triste.	**Jam i /e/ trishtuar.** [jam i /ɛ/ triʃtúar]
Estoy asustado.	**Jam i /e/ frikësuar.** [jam i /ɛ/ frikəsúar]

Estoy enfadado /enfadada/.	**Jam i /e/ zemëruar.** [jam i /ɛ/ zɛmərúar]
Estoy preocupado /preocupada/.	**Jam i /e/ shqetësuar.** [jam i /ɛ/ ʃcɛtəsúar]
Estoy nervioso /nerviosa/.	**Jam nervoz /nervoze/.** [jam nɛrvóz /nɛrvózɛ/]

Estoy celoso /celosa/.

Jam xheloz /xheloze/.
[jam dʒɛlóz /dʒɛlózɛ/]

Estoy sorprendido /sorprendida/.

Jam i /e/ befasuar.
[jam i /ɛ/ bɛfasúar]

Estoy perplejo /perpleja/.

Jam i /e/ hutuar.
[jam i /ɛ/ hutúar]

Problemas, Accidentes

Tengo un problema.	**Kam një problem.** [kam ɲə problém]
Tenemos un problema.	**Kemi një problem.** [kémi ɲə problém]
Estoy perdido /perdida/.	**Kam humbur.** [kam húmbuɾ]
Perdi el último autobús (tren).	**Humba autobusin e fundit.** [húmba autobúsin ɛ fúndit]
No me queda más dinero.	**Kam mbetur pa para.** [kam mbétur pa pará]

He perdido ...	**Humba ...** [húmba ...]
Me han robado ...	**Dikush më vodhi ...** [dikúʃ mə vóði ...]
mi pasaporte	**pasaportën** [pasapórtən]
mi cartera	**portofol** [portofól]
mis papeles	**dokumentet** [dokuméntɛt]
mi billete	**biletën** [bilétən]
mi dinero	**para** [pará]
mi bolso	**çantën** [tʃántən]
mi cámara	**aparatin fotografik** [aparátin fotografík]
mi portátil	**laptop** [laptóp]
mi tableta	**kompjuterin tabletë** [kompjutérin tablétə]
mi teléfono	**celularin** [tsɛlulárin]

¡Ayúdeme!	**Ndihmë!** [ndíhmə!]
¿Qué pasó?	**Çfarë ndodhi?** [tʃfárə ndóði?]
el incendio	**zjarr** [zjar]
un tiroteo	**të shtëna** [tə ʃténa]

el asesinato	**vrasje** [vrásjɛ]
una explosión	**shpërthim** [ʃpərθím]
una pelea	**përleshje** [pərléʃjɛ]

¡Llame a la policía!	**Thërrisni policinë!** [θərísni politsínə!]
¡Más rápido, por favor!	**Ju lutem nxitoni!** [ju lútɛm ndzitóni!]
Busco la comisaría.	**Kërkoj komisariatin e policisë.** [kərkój komisariátin ɛ politsísə]
Tengo que hacer una llamada.	**Duhet të bëj një telefonatë.** [dúhɛt tə bəj ɲə tɛlɛfonátə]
¿Puedo usar su teléfono?	**Mund të përdor telefonin tuaj?** [mund tə pərdór tɛlɛfónin túaj?]

Me han ...	**Më ...** [mə ...]
asaltado /asaltada/	**sulmuan** [sulmúan]
robado /robada/	**grabitën** [grabítən]
violada	**përdhunuan** [pərðunúan]
atacado /atacada/	**rrahën** [ráhən]

¿Se encuentra bien?	**Jeni mirë?** [jéni mírə?]
¿Ha visto quien a sido?	**E patë kush ishte?** [ɛ pátə kuʃ íʃtɛ?]
¿Sería capaz de reconocer a la persona?	**Mund ta identifikoni personin?** [mund ta idɛntifikóni pɛrsónin?]
¿Está usted seguro?	**Jeni i /e/ sigurt?** [jéni i /ɛ/ sígurt?]
Por favor, cálmese.	**Ju lutem qetësohuni.** [ju lútɛm cɛtəsóhuni]
¡Cálmese!	**Merreni me qetësi!** [mérɛni mɛ cɛtəsí!]
¡No se preocupe!	**Mos u shqetësoni!** [mos u ʃcɛtəsóni!]
Todo irá bien.	**Çdo gjë do rregullohet.** [tʃdo ɟə do rɛguɫóhɛt]
Todo está bien.	**Çdo gjë është në rregull.** [tʃdo ɟə əʃtə nə réguɫ]

Venga aquí, por favor.	**ejani këtu, ju lutem.** [éjani kətú], [ju lútɛm]
Tengo unas preguntas para usted.	**Kam disa pyetje për ju.** [kam dísa pýɛtjɛ pər ju]

Espere un momento, por favor.

Prisni pak, ju lutem.
[prísni pak], [ju lútɛm]

¿Tiene un documento de identidad?

A keni ndonjë dokument identifikimi?
[a kéni ndóɲə dokumént idɛntifikími?]

Gracias. Puede irse ahora.

Faleminderit. Mund të largoheni.
[falɛmindérit. mund tə largóhɛni.]

¡Manos detrás de la cabeza!

Duart prapa kokës!
[dúart prápa kókəs!]

¡Está arrestado!

Jeni i /e/ arrestuar!
[jéni i /ɛ/ arɛstúar!]

Problemas de salud

Ayudeme, por favor.	**Ju lutem më ndihmoni.** [ju lútεm mə ndihmóni]
No me encuentro bien.	**Nuk ndihem mirë.** [nuk ndíhεm mírə]
Mi marido no se encuentra bien.	**Burri im nuk ndjehet mirë.** [búri im nuk ndjéhεt mírə]
Mi hijo ...	**Djali im ...** [djáli im ...]
Mi padre ...	**Babai im ...** [babái im ...]

Mi mujer no se encuentra bien.	**Gruaja ime nuk ndihet mirë.** [grúaja ímε nuk ndíhεt mírə]
Mi hija ...	**Vajza ime ...** [vájza ímε ...]
Mi madre ...	**Nëna ime ...** [néna ímε ...]

Me duele ...	**Kam ...** [kam ...]
la cabeza	**dhimbje koke** [ðímbjε kókε]
la garganta	**dhimbje fyti** [ðímbjε fýti]
el estómago	**dhimbje stomaku** [ðímbjε stomáku]
un diente	**dhimbje dhëmbi** [ðímbjε ðémbi]

Estoy mareado.	**Ndjehem i /e/ trullosur.** [ndjéhεm i /ε/ trutósur]
Él tiene fiebre.	**Ka ethe.** [ka éθε]
Ella tiene fiebre.	**Ajo ka ethe.** [ajó ka éθε]
No puedo respirar.	**Nuk marr dot frymë.** [nuk mar dot frýmə]

Me ahogo.	**Mbeta pa frymë.** [mbéta pa frýmə]
Tengo asma.	**unë jam astmatik.** [únə jam astmatík]
Tengo diabetes.	**Jam me diabet.** [jam mε diabét]

No puedo dormir.	**Nuk fle dot.** [nuk flɛ dot]
intoxicación alimentaria	**helmim nga ushqimi** [hɛlmím ŋa uʃcími]

Me duele aquí.	**Më dhemb këtu.** [mə ðɛmb kətú]
¡Ayúdeme!	**Ndihmë!** [ndíhmə!]
¡Estoy aquí!	**Jam këtu!** [jam kətú!]
¡Estamos aquí!	**Jemi këtu!** [jémi kətú!]
¡Saquenme de aquí!	**Më nxirrni nga këtu!** [mə ndzírni ŋa kətú!]
Necesito un médico.	**Kam nevojë për doktor.** [kam nɛvójə pər doktór]
No me puedo mover.	**Nuk lëviz dot.** [nuk ləvíz dot]
No puedo mover mis piernas.	**Nuk lëviz dot këmbët.** [nuk ləvíz dot kə́mbət]

Tengo una herida.	**Jam plagosur.** [jam plagósur]
¿Es grave?	**A është serioze?** [a ə́ʃtə sɛriózɛ?]
Mis documentos están en mi bolsillo.	**Dokumentet e mia janë në xhep.** [dokuméntɛt ɛ mía jánə nə dʒép]
¡Cálmese!	**Qetësohuni!** [cɛtəsóhuni!]
¿Puedo usar su teléfono?	**Mund të përdor telefonin tuaj?** [mund tə pərdór tɛlɛfónin túaj?]

¡Llame a una ambulancia!	**Thërrisni një ambulancë!** [θərísni ɲə ambulántsə!]
¡Es urgente!	**Është urgjente!** [ə́ʃtə urɟéntɛ!]
¡Es una emergencia!	**Është rast urgjent!** [ə́ʃtə rast urɟént!]
¡Más rápido, por favor!	**Ju lutem nxitoni!** [ju lútɛm ndzitóni!]
¿Puede llamar a un médico, por favor?	**Mund të thërrisni një doktor, ju lutem?** [mund tə θərísni ɲə doktór], [ju lútɛm?]
¿Dónde está el hospital?	**Ku është spitali?** [ku ə́ʃtə spitáli?]

¿Cómo se siente?	**Si ndiheni?** [si ndíhɛni?]
¿Se encuentra bien?	**Jeni mirë?** [jéni mírə?]
¿Qué pasó?	**Çfarë ndodhi?** [tʃfárə ndóði?]

Me encuentro mejor.

Ndihem më mirë tani.
[ndíhɛm mə mírə taní]

Está bien.

Është në rregull.
[éʃtə nə réguɫ]

Todo está bien.

Është në rregull.
[éʃtə nə réguɫ]

En la farmacia

la farmacia	**farmaci** [farmatsí]
la farmacia 24 horas	**farmaci 24 orë** [farmatsí ɲəzét ɛ kátər orə]
¿Dónde está la farmacia más cercana?	**Ku është farmacia më e afërt?** [ku éʃtə farmatsía mə ɛ áfərt?]

¿Está abierta ahora?	**Është e hapur tani?** [éʃtə ɛ hápur taní?]
¿A qué hora abre?	**Në çfarë ore hapet?** [nə tʃfárə órɛ hápɛt?]
¿A qué hora cierra?	**Në çfarë ore mbyllet?** [nə tʃfárə órɛ mbýɫɛt?]

¿Está lejos?	**Është larg?** [éʃtə larg?]
¿Puedo llegar a pie?	**Mund të shkoj me këmbë deri atje?** [mund tə ʃkoj mɛ kémbə déri atjé?]
¿Puede mostrarme en el mapa?	**Mund të më tregoni në hartë?** [mund tə mə trɛgóni nə hártə?]

Por favor, deme algo para ...	**Ju lutem më jepni diçka për ...** [ju lútɛm mə jépni ditʃká pər ...]
un dolor de cabeza	**dhimbje koke** [ðímbjɛ kókɛ]
la tos	**kollë** [kóɫə]
el resfriado	**ftohje** [ftóhjɛ]
la gripe	**grip** [grip]

la fiebre	**ethe** [éθɛ]
un dolor de estomago	**dhimbje stomaku** [ðímbjɛ stomáku]
nauseas	**të përziera** [tə pərzíɛra]
la diarrea	**diarre** [diaré]
el estreñimiento	**kapsllëk** [kapsɫék]

un dolor de espalda	**dhimbje në shpinë** [ðímbjɛ nə ʃpínə]
un dolor de pecho	**dhimbje në kraharor** [ðímbjɛ nə kraharór]
el flato	**dhimbje në brinjë** [ðímbjɛ nə bríɲə]
un dolor abdominal	**dhimbje barku** [ðímbjɛ bárku]

la píldora	**pilulë** [pilúlə]
la crema	**vaj, krem** [vaj], [krɛm]
el jarabe	**shurup** [ʃurúp]
el spray	**sprej** [sprɛj]
las gotas	**pika** [píka]

Tiene que ir al hospital.	**Duhet të shkoni në spital.** [dúhɛt tə ʃkóni nə spitál]
el seguro de salud	**sigurim shëndetësor** [sigurím ʃəndɛtəsór]
la receta	**recetë** [rɛtsétə]
el repelente de insectos	**mbrojtës nga insektet** [mbrójtəs ŋa inséktɛt]
la curita	**leukoplast** [lɛukoplást]

Lo más imprescindible

Perdone, ...	**Më falni, ...** [mə fálni, ...]
Hola.	**Përshëndetje.** [pərʃəndétjɛ]
Gracias.	**Faleminderit.** [falɛmindérit]
Sí.	**Po.** [po]
No.	**Jo.** [jo]
No lo sé.	**Nuk e di.** [nuk ɛ di]
¿Dónde?	¿A dónde?	¿Cuándo?	**Ku?	Për ku?	Kur?** [ku?	pər ku?	kur?]

Necesito ...	**Më nevojitet ...** [mə nɛvojítɛt ...]
Quiero ...	**Dua ...** [dúa ...]
¿Tiene ...?	**Keni ...?** [kéni ...?]
¿Hay ... por aquí?	**A ka ... këtu?** [a ka ... kətú?]
¿Puedo ...?	**Mund të ...?** [mund tə ...?]
..., por favor? (petición educada)	**..., ju lutem** [...], [ju lútɛm]

Busco ...	**Kërkoj ...** [kərkój ...]
el servicio	**tualet** [tualét]
un cajero automático	**bankomat** [bankomát]
una farmacia	**farmaci** [farmatsí]
el hospital	**spital** [spitál]
la comisaría	**komisariat policie** [komisariát politsíɛ]
el metro	**metro** [mɛtró]

un taxi	**taksi** [táksi]
la estación de tren	**stacion treni** [statsión trɛni]

Me llamo ...	**Më quajnë ...** [mə cúajnə ...]
¿Cómo se llama?	**Si quheni?** [si cúhɛni?]
¿Puede ayudarme, por favor?	**Ju lutem, mund të ndihmoni?** [ju lútɛm], [mund tə ndihmóni?]
Tengo un problema.	**Kam një problem.** [kam ɲə problém]
Me encuentro mal.	**Nuk ndihem mirë.** [nuk ndíhɛm mírə]
¡Llame a una ambulancia!	**Thërrisni një ambulancë!** [θərísni ɲə ambulántsə!]
¿Puedo llamar, por favor?	**Mund të bëj një telefonatë?** [mund tə bəj ɲə tɛlɛfonátə?]

Lo siento.	**Më vjen keq.** [mə vjɛn kɛc]
De nada.	**Ju lutem.** [ju lútɛm]

Yo	**unë, mua** [únə], [múa]
tú	**ti** [ti]
él	**ai** [ai]
ella	**ajo** [ajó]
ellos	**ata** [atá]
ellas	**ato** [ató]
nosotros /nosotras/	**ne** [nɛ]
ustedes, vosotros	**ju** [ju]
usted	**ju** [ju]

ENTRADA	**HYRJE** [hýrjɛ]
SALIDA	**DALJE** [dáljɛ]
FUERA DE SERVICIO	**NUK FUNKSIONON** [nuk funksionón]

CERRADO	**MBYLLUR** [mbýɫur]
ABIERTO	**HAPUR** [hápur]
PARA SEÑORAS	**PËR FEMRA** [pər fémra]
PARA CABALLEROS	**PËR MESHKUJ** [pər méʃkuj]

DICCIONARIO CONCISO

Esta sección contiene más
de 1.500 palabras útiles.
El diccionario incluye muchos
términos gastronómicos
y será de gran ayuda para
pedir alimentos en un
restaurante o comprando
comestibles en la tienda

T&P Books Publishing

CONTENIDO
DEL DICCIONARIO

T&P Books Publishing

T&P Books Publishing

1. La hora. El calendario

tiempo (m)	kohë (f)	[kóhə]
hora (f)	orë (f)	[órə]
media hora (f)	gjysmë ore (f)	[ɟýsmə órɛ]
minuto (m)	minutë (f)	[minútə]
segundo (m)	sekondë (f)	[sɛkóndə]
hoy (adv)	sot	[sot]
mañana (adv)	nesër	[nésər]
ayer (adv)	dje	[djé]
lunes (m)	E hënë (f)	[ɛ hénə]
martes (m)	E martë (f)	[ɛ mártə]
miércoles (m)	E mërkurë (f)	[ɛ mərkúrə]
jueves (m)	E enjte (f)	[ɛ éɲtɛ]
viernes (m)	E premte (f)	[ɛ prémtɛ]
sábado (m)	E shtunë (f)	[ɛ ʃtúnə]
domingo (m)	E dielë (f)	[ɛ díɛlə]
día (m)	ditë (f)	[dítə]
día (m) de trabajo	ditë pune (f)	[dítə púnɛ]
día (m) de fiesta	festë kombëtare (f)	[féstə kombətárɛ]
fin (m) de semana	fundjavë (f)	[fundjávə]
semana (f)	javë (f)	[jávə]
semana (f) pasada	javën e kaluar	[jávən ɛ kalúar]
semana (f) que viene	javën e ardhshme	[jávən ɛ árðʃmɛ]
salida (f) del sol	agim (m)	[agím]
puesta (f) del sol	perëndim dielli (m)	[pɛrəndím diéti]
por la mañana	në mëngjes	[nə mənɟés]
por la tarde	pasdite	[pasdítɛ]
por la noche	në mbrëmje	[nə mbrémjɛ]
esta noche (p.ej. 8:00 p.m.)	sonte në mbrëmje	[sóntɛ nə mbrəmjɛ]
por la noche	natën	[nátən]
medianoche (f)	mesnatë (f)	[mɛsnátə]
enero (m)	Janar (m)	[janár]
febrero (m)	Shkurt (m)	[ʃkurt]
marzo (m)	Mars (m)	[mars]
abril (m)	Prill (m)	[priɬ]
mayo (m)	Maj (m)	[maj]
junio (m)	Qershor (m)	[cɛrʃór]
julio (m)	Korrik (m)	[korík]

agosto (m)	Gusht (m)	[guʃt]
septiembre (m)	Shtator (m)	[ʃtatór]
octubre (m)	Tetor (m)	[tɛtór]
noviembre (m)	Nëntor (m)	[nəntór]
diciembre (m)	Dhjetor (m)	[ðjɛtór]

en primavera	në pranverë	[nə pranvérə]
en verano	në verë	[nə vérə]
en otoño	në vjeshtë	[nə vjéʃtə]
en invierno	në dimër	[nə dímər]

mes (m)	muaj (m)	[múaj]
estación (f)	stinë (f)	[stínə]
año (m)	vit (m)	[vit]
siglo (m)	shekull (m)	[ʃékuɫ]

2. Números. Los numerales

cifra (f)	shifër (f)	[ʃífər]
número (m) (~ cardinal)	numër (m)	[númər]
menos (m)	minus (m)	[minús]
más (m)	plus (m)	[plus]
suma (f)	shuma (f)	[ʃúma]

primero (adj)	i pari	[i pári]
segundo (adj)	i dyti	[i dýti]
tercero (adj)	i treti	[i tréti]

cero	zero	[zéro]
uno	një	[nə]
dos	dy	[dy]
tres	tre	[trɛ]
cuatro	katër	[kátər]

cinco	pesë	[pésə]
seis	gjashtë	[ɟáʃtə]
siete	shtatë	[ʃtátə]
ocho	tetë	[tétə]
nueve	nëntë	[nəntə]
diez	dhjetë	[ðjétə]

once	njëmbëdhjetë	[ɲəmbəðjétə]
doce	dymbëdhjetë	[dymbəðjétə]
trece	trembëdhjetë	[trɛmbəðjétə]
catorce	katërmbëdhjetë	[katərmbəðjétə]
quince	pesëmbëdhjetë	[pɛsəmbəðjétə]

dieciséis	gjashtëmbëdhjetë	[ɟaʃtəmbəðjétə]
diecisiete	shtatëmbëdhjetë	[ʃtatəmbəðjétə]
dieciocho	tetëmbëdhjetë	[tɛtəmbəðjétə]

diecinueve	nëntëmbëdhjetë	[nəntəmbəðjétə]
veinte	njëzet	[nəzét]
treinta	tridhjetë	[triðjétə]
cuarenta	dyzet	[dyzét]
cincuenta	pesëdhjetë	[pɛsəðjétə]

sesenta	gjashtëdhjetë	[ɟaʃtəðjétə]
setenta	shtatëdhjetë	[ʃtatəðjétə]
ochenta	tetëdhjetë	[tɛtəðjétə]
noventa	nëntëdhjetë	[nəntəðjétə]
cien	njëqind	[ɲəcínd]
doscientos	dyqind	[dycínd]
trescientos	treqind	[trɛcínd]
cuatrocientos	katërqind	[katərcínd]
quinientos	pesëqind	[pɛsəcínd]

seiscientos	gjashtëqind	[ɟaʃtəcínd]
setecientos	shtatëqind	[ʃtatəcínd]
ochocientos	tetëqind	[tɛtəcínd]
novecientos	nëntëqind	[nəntəcínd]
mil	një mijë	[ɲə míjə]

diez mil	dhjetë mijë	[ðjétə míjə]
cien mil	njëqind mijë	[ɲəcínd míjə]
millón (m)	milion (m)	[milión]
mil millones	miliardë (f)	[miliárdə]

3. El ser humano. Los familiares

hombre (m) (varón)	burrë (m)	[búrə]
joven (m)	djalë i ri (m)	[djálə i rí]
adolescente (m)	adoleshent (m)	[adolɛʃént]
mujer (f)	grua (f)	[grúa]
muchacha (f)	vajzë (f)	[vájzə]

edad (f)	moshë (f)	[móʃə]
adulto	i rritur	[i rítur]
de edad media (adj)	mesoburrë	[mɛsobúrə]
de edad, anciano (adj)	i moshuar	[i moʃúar]
viejo (adj)	i vjetër	[i vjétər]

anciano (m)	plak (m)	[plak]
anciana (f)	plakë (f)	[plákə]
jubilación (f)	pension (m)	[pɛnsión]
jubilarse	dal në pension	[dál nə pɛnsión]
jubilado (m)	pensionist (m)	[pɛnsioníst]

madre (f)	nënë (f)	[nénə]
padre (m)	baba (f)	[babá]
hijo (m)	bir (m)	[bir]

hija (f)	bijë (f)	[bíjə]
hermano (m)	vëlla (m)	[vəɫá]
hermano (m) mayor	vëllai i madh (m)	[vəɫái i mað]
hermano (m) menor	vëllai i vogël (m)	[vəɫai i vógəl]
hermana (f)	motër (f)	[mótər]
hermana (f) mayor	motra e madhe (f)	[mótra ɛ máðɛ]
hermana (f) menor	motra e vogël (f)	[mótra ɛ vógəl]
padres (m pl)	prindër (pl)	[príndər]
niño -a (m, f)	fëmijë (f)	[fəmíjə]
niños (m pl)	fëmijë (pl)	[fəmíjə]
madrastra (f)	njerkë (f)	[ɲérkə]
padrastro (m)	njerk (m)	[ɲérk]
abuela (f)	gjyshe (f)	[ɟýʃɛ]
abuelo (m)	gjysh (m)	[ɟyʃ]
nieto (m)	nip (m)	[nip]
nieta (f)	mbesë (f)	[mbésə]
nietos (m pl)	nipër e mbesa (pl)	[nípər ɛ mbésa]
tío (m)	dajë (f)	[dájə]
tía (f)	teze (f)	[tézɛ]
sobrino (m)	nip (m)	[nip]
sobrina (f)	mbesë (f)	[mbésə]
mujer (f)	bashkëshorte (f)	[baʃkəʃórtɛ]
marido (m)	bashkëshort (m)	[baʃkəʃórt]
casado (adj)	i martuar	[i martúar]
casada (adj)	e martuar	[ɛ martúar]
viuda (f)	vejushë (f)	[vɛjúʃə]
viudo (m)	vejan (m)	[vɛján]
nombre (m)	emër (m)	[émər]
apellido (m)	mbiemër (m)	[mbiémər]
pariente (m)	kushëri (m)	[kuʃərí]
amigo (m)	mik (m)	[mik]
amistad (f)	miqësi (f)	[micəsí]
compañero (m)	partner (m)	[partnér]
superior (m)	epror (m)	[ɛprór]
colega (m, f)	koleg (m)	[kolég]
vecinos (m pl)	komshinj (pl)	[komʃíɲ]

4. El cuerpo. La anatomía humana

organismo (m)	organizëm (m)	[organízəm]
cuerpo (m)	trup (m)	[trup]
corazón (m)	zemër (f)	[zémər]
sangre (f)	gjak (m)	[ɟak]

cerebro (m)	tru (m)	[tru]
nervio (m)	nerv (m)	[nɛrv]

hueso (m)	kockë (f)	[kótskə]
esqueleto (m)	skelet (m)	[skɛlét]
columna (f) vertebral	shtyllë kurrizore (f)	[ʃtýłə kurizórɛ]
costilla (f)	brinjë (f)	[bríɲə]
cráneo (m)	kafkë (f)	[káfkə]

músculo (m)	muskul (m)	[múskul]
pulmones (m pl)	mushkëri (m)	[muʃkərí]
piel (f)	lëkurë (f)	[ləkúrə]

cabeza (f)	kokë (f)	[kókə]
cara (f)	fytyrë (f)	[fytýrə]
nariz (f)	hundë (f)	[húndə]
frente (f)	ball (m)	[báł]
mejilla (f)	faqe (f)	[fácɛ]
boca (f)	gojë (f)	[gójə]
lengua (f)	gjuhë (f)	[ɟúhə]
diente (m)	dhëmb (m)	[ðəmb]
labios (m pl)	buzë (f)	[búzə]
mentón (m)	mjekër (f)	[mjékər]

oreja (f)	vesh (m)	[vɛʃ]
cuello (m)	qafë (f)	[cáfə]
garganta (f)	fyt (m)	[fyt]

ojo (m)	sy (m)	[sy]
pupila (f)	bebëz (f)	[bébəz]
ceja (f)	vetull (f)	[vétuł]
pestaña (f)	qerpik (m)	[cɛrpík]

pelo, cabello (m)	flokë (pl)	[flókə]
peinado (m)	model flokësh (m)	[modél flókəʃ]
bigote (m)	mustaqe (f)	[mustácɛ]
barba (f)	mjekër (f)	[mjékər]
tener (~ la barba)	lë mjekër	[lə mjékər]
calvo (adj)	qeros	[cɛrós]

mano (f)	dorë (f)	[dórə]
brazo (m)	krah (m)	[krah]
dedo (m)	gisht i dorës (m)	[gíʃt i dórəs]
uña (f)	thua (f)	[θúa]
palma (f)	pëllëmbë dore (f)	[pəłémbə dórɛ]

hombro (m)	shpatull (f)	[ʃpátuł]
pierna (f)	këmbë (f)	[kémbə]
planta (f)	shputë (f)	[ʃpútə]
rodilla (f)	gju (m)	[ɟú]
talón (m)	thembër (f)	[θémbər]
espalda (f)	kurriz (m)	[kuríz]

cintura (f), talle (m)	beli (m)	[béli]
lunar (m)	nishan (m)	[niʃán]
marca (f) de nacimiento	shenjë lindjeje (f)	[ʃéɲə líndjɛjɛ]

5. La medicina. Las drogas

salud (f)	shëndet (m)	[ʃəndét]
sano (adj)	mirë	[mírə]
enfermedad (f)	sëmundje (f)	[səmúndjɛ]
estar enfermo	jam sëmurë	[jam səmúrə]
enfermo (adj)	i sëmurë	[i səmúrə]
resfriado (m)	ftohje (f)	[ftóhjɛ]
resfriarse (vr)	ftohem	[ftóhɛm]
angina (f)	grykët (m)	[grýkət]
pulmonía (f)	pneumoni (f)	[pnɛumoní]
gripe (f)	grip (m)	[grip]
resfriado (m) (coriza)	rrifë (f)	[rífə]
tos (f)	kollë (f)	[kótə]
toser (vi)	kollitem	[kotítɛm]
estornudar (vi)	teshtij	[tɛʃtíj]
insulto (m)	goditje (f)	[godítjɛ]
ataque (m) cardiaco	sulm në zemër (m)	[sulm nə zémər]
alergia (f)	alergji (f)	[alɛɲí]
asma (f)	astmë (f)	[ástmə]
diabetes (m)	diabet (m)	[diabét]
tumor (m)	tumor (m)	[tumór]
cáncer (m)	kancer (m)	[kantsér]
alcoholismo (m)	alkoolizëm (m)	[alkoolízəm]
SIDA (f)	SIDA (f)	[sída]
fiebre (f)	ethe (f)	[éθɛ]
mareo (m)	sëmundje deti (f)	[səmúndjɛ déti]
moradura (f)	mavijosje (f)	[mavijósjɛ]
chichón (m)	gungë (f)	[gúɲə]
cojear (vi)	çaloj	[tʃalój]
dislocación (f)	dislokim (m)	[dislokím]
dislocar (vt)	del nga vendi	[dɛl ŋa véndi]
fractura (f)	thyerje (f)	[θýɛrjɛ]
quemadura (f)	djegie (f)	[djégiɛ]
herida (f)	dëmtim (m)	[dəmtím]
dolor (m)	dhimbje (f)	[ðímbjɛ]
dolor (m) de muelas	dhimbje dhëmbi (f)	[ðímbjɛ ðémbi]
sudar (vi)	djersij	[djɛrsíj]
sordo (adj)	shurdh	[ʃurð]

mudo (adj)	memec	[mɛméts]
inmunidad (f)	imunitet (m)	[imunitét]
virus (m)	virus (m)	[virús]
microbio (m)	mikrob (m)	[mikrób]
bacteria (f)	bakterie (f)	[baktériɛ]
infección (f)	infeksion (m)	[infɛksión]
hospital (m)	spital (m)	[spitál]
cura (f)	kurë (f)	[kúrə]
vacunar (vt)	vaksinoj	[vaksinój]
estar en coma	jam në komë	[jam nə kómə]
revitalización (f)	kujdes intensiv (m)	[kujdés intɛnsív]
síntoma (m)	simptomë (f)	[simptómə]
pulso (m)	puls (m)	[puls]

6. Los sentimientos. Las emociones

yo	Unë, mua	[unə], [múa]
tú	ti, ty	[ti], [ty]
él	ai	[aí]
ella	ajo	[ajó]
ello	ai	[aí]
nosotros, -as	ne	[nɛ]
vosotros, -as	ju	[ju]
ellos	ata	[atá]
ellas	ato	[ató]
¡Hola! (fam.)	Përshëndetje!	[pərʃəndétjɛ!]
¡Hola! (form.)	Përshëndetje!	[pərʃəndétjɛ!]
¡Buenos días!	Mirëmëngjes!	[mirəmənɟés!]
¡Buenas tardes!	Mirëdita!	[mirədíta!]
¡Buenas noches!	Mirëmbrëma!	[mirəmbréma!]
decir hola	përshëndes	[pərʃəndés]
saludar (vt)	përshëndes	[pərʃəndés]
¿Cómo estáis?	Si jeni?	[si jéni?]
¿Cómo estás?	Si je?	[si jɛ?]
¡Hasta la vista! (form.)	Mirupafshim!	[mirupáfʃim!]
¡Hasta la vista! (fam.)	U pafshim!	[u páfʃim!]
¡Gracias!	Faleminderit!	[falɛmindérit!]
sentimientos (m pl)	ndjenja (pl)	[ndjéɲa]
tener hambre	kam uri	[kam urí]
tener sed	kam etje	[kam étjɛ]
cansado (adj)	i lodhur	[i lóður]
inquietarse (vr)	shqetësohem	[ʃcɛtəsóhɛm]
estar nervioso	nervozohem	[nɛrvozóhɛm]
esperanza (f)	shpresë (f)	[ʃprésə]

esperar (tener esperanza)	shpresoj	[ʃprɛsój]
carácter (m)	karakter (m)	[karaktér]
modesto (adj)	modest	[modést]
perezoso (adj)	dembel	[dɛmbél]
generoso (adj)	zemërgjerë	[zɛmərɟérə]
talentoso (adj)	i talentuar	[i talɛntúar]
honesto (adj)	i ndershëm	[i ndérʃəm]
serio (adj)	serioz	[sɛrióz]
tímido (adj)	i turpshëm	[i túrpʃəm]
sincero (adj)	i sinqertë	[i sincértə]
cobarde (m)	frikacak (m)	[frikatsák]
dormir (vi)	fle	[flɛ]
sueño (m) (dulces ~s)	ëndërr (m)	[éndər]
cama (f)	shtrat (m)	[ʃtrat]
almohada (f)	jastëk (m)	[jasték]
insomnio (m)	pagjumësi (f)	[paɟuməsí]
irse a la cama	shkoj të fle	[ʃkoj tə flɛ]
pesadilla (f)	ankth (m)	[ankθ]
despertador (m)	orë me zile (f)	[órə mɛ zílɛ]
sonrisa (f)	buzëqeshje (f)	[buzəcéʃjɛ]
sonreír (vi)	buzëqesh	[buzəcéʃ]
reírse (vr)	qesh	[cɛʃ]
disputa (f), riña (f)	grindje (f)	[gríndjɛ]
insulto (m)	ofendim (m)	[ofɛndím]
ofensa (f)	fyerje (f)	[fýɛrjɛ]
enfadado (adj)	i zemëruar	[i zɛmərúar]

7. La ropa. Accesorios personales

ropa (f), vestido (m)	rroba (f)	[róba]
abrigo (m)	pallto (f)	[páłto]
abrigo (m) de piel	gëzof (m)	[gəzóf]
cazadora (f)	xhaketë (f)	[dʒakétə]
impermeable (m)	pardesy (f)	[pardɛsý]
camisa (f)	këmishë (f)	[kəmíʃə]
pantalones (m pl)	pantallona (f)	[pantałóna]
chaqueta (f), saco (m)	xhaketë kostumi (f)	[dʒakétə kostúmi]
traje (m)	kostum (m)	[kostúm]
vestido (m)	fustan (m)	[fustán]
falda (f)	fund (m)	[fund]
camiseta (f) (T-shirt)	bluzë (f)	[blúzə]
bata (f) de baño	peshqir trupi (m)	[pɛʃcír trúpi]
pijama (f)	pizhame (f)	[piʒámɛ]
ropa (f) de trabajo	rroba pune (f)	[róba púnɛ]

ropa (f) interior	të brendshme (f)	[tə bréndʃmɛ]
calcetines (m pl)	çorape (pl)	[tʃorápɛ]
sostén (m)	sytjena (f)	[sytjéna]
pantimedias (f pl)	geta (f)	[géta]
medias (f pl)	çorape të holla (pl)	[tʃorápɛ tə hóła]
traje (m) de baño	rrobë banje (f)	[róbə báɲɛ]

gorro (m)	kapelë (f)	[kapélə]
calzado (m)	këpucë (pl)	[kəpútsə]
botas (f pl) altas	çizme (pl)	[tʃízmɛ]
tacón (m)	takë (f)	[tákə]
cordón (m)	lidhëse këpucësh (f)	[líðəsɛ kəpútsəʃ]
betún (m)	bojë këpucësh (f)	[bójə kəpútsəʃ]

algodón (m)	pambuk (m)	[pambúk]
lana (f)	lesh (m)	[lɛʃ]
piel (f) (~ de zorro, etc.)	gëzof (m)	[gəzóf]

guantes (m pl)	dorëza (pl)	[dórəza]
manoplas (f pl)	doreza (f)	[doréza]
bufanda (f)	shall (m)	[ʃał]
gafas (f pl)	syze (f)	[sýzɛ]
paraguas (m)	çadër (f)	[tʃádər]

corbata (f)	kravatë (f)	[kravátə]
moquero (m)	shami (f)	[ʃamí]
peine (m)	krehër (m)	[kréhər]
cepillo (m) de pelo	furçë flokësh (f)	[fúrtʃə flókəʃ]
hebilla (f)	tokëz (f)	[tókəz]
cinturón (m)	rrip (m)	[rip]
bolso (m)	çantë (f)	[tʃántə]

cuello (m)	jakë (f)	[jákə]
bolsillo (m)	xhep (m)	[dʒɛp]
manga (f)	mëngë (f)	[méɲə]
bragueta (f)	zinxhir (m)	[zindʒír]

cremallera (f)	zinxhir (m)	[zindʒír]
botón (m)	kopsë (f)	[kópsə]
ensuciarse (vr)	bëhem pis	[béhɛm pis]
mancha (f)	njollë (f)	[ɲółə]

8. La ciudad. Las instituciones urbanas

tienda (f)	dyqan (m)	[dycán]
centro (m) comercial	qendër tregtare (f)	[céndər trɛgtárɛ]
supermercado (m)	supermarket (m)	[supɛrmarkét]
zapatería (f)	dyqan këpucësh (m)	[dycán kəpútsəʃ]
librería (f)	librari (f)	[librarí]
farmacia (f)	farmaci (f)	[farmatsí]

panadería (f)	furrë (f)	[fúrə]
pastelería (f)	pastiçeri (f)	[pastitʃɛrí]
tienda (f) de comestibles	dyqan ushqimor (m)	[dycán uʃcimór]
carnicería (f)	dyqan mishi (m)	[dycán míʃi]
verdulería (f)	dyqan fruta-perimesh (m)	[dycán frúta-pɛrímɛʃ]
mercado (m)	treg (m)	[trɛg]
peluquería (f)	parukeri (f)	[parukɛrí]
oficina (f) de correos	zyrë postare (f)	[zýrə postárɛ]
tintorería (f)	pastrim kimik (m)	[pastrím kimík]
circo (m)	cirk (m)	[tsírk]
zoo (m)	kopsht zoologjik (m)	[kópʃt zooloɟík]
teatro (m)	teatër (m)	[tɛátər]
cine (m)	kinema (f)	[kinɛmá]
museo (m)	muze (m)	[muzé]
biblioteca (f)	bibliotekë (f)	[bibliotékə]
mezquita (f)	xhami (f)	[dʒamí]
sinagoga (f)	sinagogë (f)	[sinagógə]
catedral (f)	katedrale (f)	[katɛdrálɛ]
templo (m)	tempull (m)	[témpuɫ]
iglesia (f)	kishë (f)	[kíʃə]
instituto (m)	kolegj (m)	[koléɟ]
universidad (f)	universitet (m)	[univɛrsitét]
escuela (f)	shkollë (f)	[ʃkóɫə]
hotel (m)	hotel (m)	[hotél]
banco (m)	bankë (f)	[bánkə]
embajada (f)	ambasadë (f)	[ambasádə]
agencia (f) de viajes	agjenci udhëtimesh (f)	[aɟɛntsí uðətímɛʃ]
metro (m)	metro (f)	[mɛtró]
hospital (m)	spital (m)	[spitál]
gasolinera (f)	pikë karburanti (f)	[píkə karburánti]
aparcamiento (m)	parking (m)	[parkíŋ]
ENTRADA	HYRJE	[hýrjɛ]
SALIDA	DALJE	[dáljɛ]
EMPUJAR	SHTY	[ʃty]
TIRAR	TËRHIQ	[tərhíc]
ABIERTO	HAPUR	[hápur]
CERRADO	MBYLLUR	[mbýɫur]
monumento (m)	monument (m)	[monumént]
fortaleza (f)	kala (f)	[kalá]
palacio (m)	pallat (m)	[paɫát]
medieval (adj)	mesjetare	[mɛsjɛtárɛ]
antiguo (adj)	e lashtë	[ɛ láʃtə]
nacional (adj)	kombëtare	[kombətárɛ]
conocido (adj)	i famshëm	[i fámʃəm]

9. El dinero. Las finanzas

dinero (m)	para (f)	[pará]
moneda (f)	monedhë (f)	[monéðə]
dólar (m)	dollar (m)	[doɫár]
euro (m)	euro (f)	[éuro]

cajero (m) automático	bankomat (m)	[bankomát]
oficina (f) de cambio	këmbim valutor (m)	[kəmbím valutór]
curso (m)	kurs këmbimi (m)	[kurs kəmbími]
dinero (m) en efectivo	kesh (m)	[kɛʃ]
¿Cuánto?	Sa?	[sa?]
pagar (vi, vt)	paguaj	[pagúaj]
pago (m)	pagesë (f)	[pagésə]
cambio (m) (devolver el ~)	kusur (m)	[kusúr]

precio (m)	çmim (m)	[tʃmím]
descuento (m)	ulje (f)	[úljɛ]
barato (adj)	e lirë	[ɛ lírə]
caro (adj)	i shtrenjtë	[i ʃtréɲtə]

banco (m)	bankë (f)	[bánkə]
cuenta (f)	llogari (f)	[ɫogarí]
tarjeta (f) de crédito	kartë krediti (f)	[kártə krɛdíti]
cheque (m)	çek (m)	[tʃɛk]
sacar un cheque	lëshoj një çek	[ləʃój ɲə tʃék]
talonario (m)	bllok çeqesh (m)	[bɫók tʃécɛʃ]

deuda (f)	borxh (m)	[bórdʒ]
deudor (m)	debitor (m)	[dɛbitór]
prestar (vt)	jap hua	[jap huá]
tomar prestado	marr hua	[mar huá]

alquilar (vt)	marr me qira	[mar mɛ cirá]
a crédito (adv)	me kredi	[mɛ krɛdí]
cartera (f)	portofol (m)	[portofól]
caja (f) fuerte	kasafortë (f)	[kasafórtə]
herencia (f)	trashëgimi (f)	[traʃəgimí]
fortuna (f)	pasuri (f)	[pasurí]

impuesto (m)	taksë (f)	[táksə]
multa (f)	gjobë (f)	[ɟóbə]
multar (vt)	vendos gjobë	[vɛndós ɟóbə]

al por mayor (adj)	me shumicë	[mɛ ʃumítsə]
al por menor (adj)	me pakicë	[mɛ pakítsə]
asegurar (vt)	siguroj	[sigurój]
seguro (m)	sigurim (m)	[sigurím]

capital (m)	kapital (m)	[kapitál]
volumen (m) de negocio	qarkullim (m)	[tsarkuɫím]

acción (f)	stok (m)	[stok]
beneficio (m)	fitim (m)	[fitím]
beneficioso (adj)	fitimprurës	[fitimprúrəs]
crisis (m)	krizë (f)	[krízə]
bancarrota (f)	falimentim (m)	[falimɛntím]
ir a la bancarrota	falimentoj	[falimɛntój]
contable (m)	kontabilist (m)	[kontabilíst]
salario (m)	pagë (f)	[págə]
premio (m)	bonus (m)	[bonús]

10. El transporte

autobús (m)	autobus (m)	[autobús]
tranvía (m)	tramvaj (m)	[tramváj]
trolebús (m)	autobus tramvaj (m)	[autobús tramváj]
ir en ...	udhëtoj me ...	[uðətój mɛ ...]
tomar (~ el autobús)	hip	[hip]
bajar (~ del tren)	zbres ...	[zbrɛs ...]
parada (f)	stacion (m)	[statsión]
parada (f) final	terminal (m)	[tɛrminál]
horario (m)	orar (m)	[orár]
billete (m)	biletë (f)	[bilétə]
llegar tarde (vi)	vonohem	[vonóhɛm]
taxi (m)	taksi (m)	[táksi]
en taxi	me taksi	[mɛ táksi]
parada (f) de taxi	stacion taksish (m)	[statsión táksiʃ]
tráfico (m)	trafik (m)	[trafík]
horas (f pl) de punta	orë e trafikut të rëndë (f)	[órə ɛ trafíkut tə rəndə]
aparcar (vi)	parkoj	[parkój]
metro (m)	metro (f)	[mɛtró]
estación (f)	stacion (m)	[statsión]
tren (m)	tren (m)	[trɛn]
estación (f)	stacion treni (m)	[statsión tréni]
rieles (m pl)	shina (pl)	[ʃína]
compartimiento (m)	ndarje (f)	[ndárjɛ]
litera (f)	kat (m)	[kat]
avión (m)	avion (m)	[avión]
billete (m) de avión	biletë avioni (f)	[bilétə avióni]
compañía (f) aérea	kompani ajrore (f)	[kompaní ajrórɛ]
aeropuerto (m)	aeroport (m)	[aɛropórt]
vuelo (m)	fluturim (m)	[fluturím]
equipaje (m)	bagazh (m)	[bagáʒ]

carrito (m) de equipaje	karrocë bagazhesh (f)	[karótsə bagáʒɛʃ]
buque (m)	anije (f)	[aníjɛ]
trasatlántico (m)	krocierë (f)	[krotsiérə]
yate (m)	jaht (m)	[jáht]
bote (m) de remo	barkë (f)	[bárkə]
capitán (m)	kapiten (m)	[kapitén]
camarote (m)	kabinë (f)	[kabínə]
puerto (m)	port (m)	[port]
bicicleta (f)	biçikletë (f)	[bitʃiklétə]
scooter (f)	skuter (m)	[skutér]
motocicleta (f)	motoçikletë (f)	[mototʃiklétə]
pedal (m)	pedale (f)	[pɛdálɛ]
bomba (f)	pompë (f)	[pómpə]
rueda (f)	rrotë (f)	[rótə]
coche (m)	makinë (f)	[makínə]
ambulancia (f)	ambulancë (f)	[ambulántsə]
camión (m)	kamion (m)	[kamión]
de ocasión (adj)	i përdorur	[i pərdórur]
accidente (m)	aksident (m)	[aksidént]
reparación (f)	riparim (m)	[riparím]

11. La comida. Unidad 1

carne (f)	mish (m)	[miʃ]
gallina (f)	pulë (f)	[púlə]
pato (m)	rosë (f)	[rósə]
carne (f) de cerdo	mish derri (m)	[miʃ déri]
carne (f) de ternera	mish viçi (m)	[miʃ vítʃi]
carne (f) de carnero	mish qengji (m)	[miʃ cénɟi]
carne (f) de vaca	mish lope (m)	[miʃ lópɛ]
salchichón (m)	salsiçe (f)	[salsítʃɛ]
huevo (m)	ve (f)	[vɛ]
pescado (m)	peshk (m)	[pɛʃk]
queso (m)	djath (m)	[djáθ]
azúcar (m)	sheqer (m)	[ʃɛcér]
sal (f)	kripë (f)	[krípə]
arroz (m)	oriz (m)	[oríz]
macarrones (m pl)	makarona (f)	[makaróna]
mantequilla (f)	gjalp (m)	[ɟalp]
aceite (m) vegetal	vaj vegjetal (m)	[vaj vɛɟɛtál]
pan (m)	bukë (f)	[búkə]
chocolate (m)	çokollatë (f)	[tʃokołátə]
vino (m)	verë (f)	[vérə]
café (m)	kafe (f)	[káfɛ]

leche (f)	qumësht (m)	[cúməʃt]
zumo (m), jugo (m)	lëng frutash (m)	[ləŋ frútaʃ]
cerveza (f)	birrë (f)	[bírə]
té (m)	çaj (m)	[tʃáj]

tomate (m)	domate (f)	[domátɛ]
pepino (m)	kastravec (m)	[kastravéts]
zanahoria (f)	karotë (f)	[karótə]
patata (f)	patate (f)	[patátɛ]
cebolla (f)	qepë (f)	[cépə]
ajo (m)	hudhër (f)	[húðər]

col (f)	lakër (f)	[lákər]
remolacha (f)	panxhar (m)	[pandʒár]
berenjena (f)	patëllxhan (m)	[patəɫdʒán]
eneldo (m)	kopër (f)	[kópər]
lechuga (f)	sallatë jeshile (f)	[saɫátə jɛʃílɛ]
maíz (m)	misër (m)	[mísər]

fruto (m)	frut (m)	[frut]
manzana (f)	mollë (f)	[móɫə]
pera (f)	dardhë (f)	[dárðə]
limón (m)	limon (m)	[limón]
naranja (f)	portokall (m)	[portokáɫ]
fresa (f)	luleshtrydhe (f)	[lulɛʃtrýðɛ]

ciruela (f)	kumbull (f)	[kúmbuɫ]
frambuesa (f)	mjedër (f)	[mjédər]
ananás (m)	ananas (m)	[ananás]
banana (f)	banane (f)	[banánɛ]
sandía (f)	shalqi (m)	[ʃalcí]
uva (f)	rrush (m)	[ruʃ]
melón (m)	pjepër (m)	[pjépər]

12. La comida. Unidad 2

cocina (f)	kuzhinë (f)	[kuʒínə]
receta (f)	recetë (f)	[rɛtsétə]
comida (f)	ushqim (m)	[uʃcím]

desayunar (vi)	ha mëngjes	[ha mənɟés]
almorzar (vi)	ha drekë	[ha drékə]
cenar (vi)	ha darkë	[ha dárkə]

sabor (m)	shije (f)	[ʃíjɛ]
sabroso (adj)	i shijshëm	[i ʃíjʃəm]
frío (adj)	i ftohtë	[i ftóhtə]
caliente (adj)	i nxehtë	[i ndzéhtə]
azucarado (adj)	i ëmbël	[i émbəl]
salado (adj)	i kripur	[i krípur]

bocadillo (m)	sandviç (m)	[sandvítʃ]
guarnición (f)	garniturë (f)	[garnitúrə]
relleno (m)	mbushje (f)	[mbúʃjɛ]
salsa (f)	salcë (f)	[sáltsə]
pedazo (m)	copë (f)	[tsópə]

dieta (f)	dietë (f)	[diétə]
vitamina (f)	vitaminë (f)	[vitamínə]
caloría (f)	kalori (f)	[kalorí]
vegetariano (m)	vegjetarian (m)	[vɛɟɛtarián]

restaurante (m)	restorant (m)	[rɛstoránt]
cafetería (f)	kafene (f)	[kafɛné]
apetito (m)	oreks (m)	[oréks]
¡Que aproveche!	Të bëftë mirë!	[tə bəftə mírə!]

camarero (m)	kamerier (m)	[kamɛriér]
camarera (f)	kameriere (f)	[kamɛriérɛ]
barman (m)	banakier (m)	[banakiér]
carta (f), menú (m)	menu (f)	[mɛnú]

cuchara (f)	lugë (f)	[lúgə]
cuchillo (m)	thikë (f)	[θíkə]
tenedor (m)	pirun (m)	[pirún]
taza (f)	filxhan (m)	[fildʒán]

plato (m)	pjatë (f)	[pjátə]
platillo (m)	pjatë filxhani (f)	[pjátə fildʒáni]
servilleta (f)	pecetë (f)	[pɛtsétə]
mondadientes (m)	kruajtëse dhëmbësh (f)	[krúajtəsɛ ðémbəʃ]

pedir (vt)	porosis	[porosís]
plato (m)	pjatë (f)	[pjátə]
porción (f)	racion (m)	[ratsión]
entremés (m)	antipastë (f)	[antipástə]
ensalada (f)	sallatë (f)	[saɫátə]
sopa (f)	supë (f)	[súpə]

postre (m)	ëmbëlsirë (f)	[əmbəlsírə]
confitura (f)	reçel (m)	[rɛtʃél]
helado (m)	akullore (f)	[akuɫórɛ]
cuenta (f)	faturë (f)	[fatúrə]
pagar la cuenta	paguaj faturën	[pagúaj fatúrən]
propina (f)	bakshish (m)	[bakʃíʃ]

13. La casa. El apartamento. Unidad 1

casa (f)	shtëpi (f)	[ʃtəpí]
casa (f) de campo	vilë (f)	[vílə]
villa (f)	vilë (f)	[vílə]

piso (m)	kat (m)	[kat]
entrada (f)	hyrje (f)	[hýrjɛ]
pared (f)	mur (m)	[muɾ]
techo (m)	çati (f)	[tʃatí]
chimenea (f)	oxhak (m)	[odʒák]
desván (m)	papafingo (f)	[papafíŋo]
ventana (f)	dritare (f)	[dritáɾɛ]
alféizar (m)	prag dritareje (m)	[prag dritáɾɛjɛ]
balcón (m)	ballkon (m)	[baɫkón]
escalera (f)	shkallë (f)	[ʃkáɫə]
buzón (m)	kuti postare (f)	[kutí postáɾɛ]
contenedor (m) de basura	kazan mbeturinash (m)	[kazán mbɛturínaʃ]
ascensor (m)	ashensor (m)	[aʃɛnsóɾ]
electricidad (f)	elektricitet (m)	[ɛlɛktritsitét]
bombilla (f)	poç (m)	[potʃ]
interruptor (m)	çelës drite (m)	[tʃéləs drítɛ]
enchufe (m)	prizë (f)	[prízə]
fusible (m)	siguresë (f)	[sigurésə]
puerta (f)	derë (f)	[dérə]
tirador (m)	dorezë (f)	[dorézə]
llave (f)	çelës (m)	[tʃéləs]
felpudo (m)	tapet hyrës (m)	[tapét hýrəs]
cerradura (f)	kyç (m)	[kytʃ]
timbre (m)	zile (f)	[zílɛ]
llamada (f)	trokitje (f)	[trokítjɛ]
llamar (vi)	trokas	[trokás]
mirilla (f)	vrimë përgjimi (f)	[vrímə pəɲími]
patio (m)	oborr (m)	[obóɾ]
jardín (m)	kopsht (m)	[kopʃt]
piscina (f)	pishinë (f)	[piʃínə]
gimnasio (m)	palestër (f)	[paléstəɾ]
cancha (f) de tenis	fushë tenisi (f)	[fúʃə tɛnísi]
garaje (m)	garazh (m)	[garáʒ]
propiedad (f) privada	pronë private (f)	[prónə privátɛ]
letrero (m) de aviso	shenjë paralajmëruese (f)	[ʃéɲə paralajmərúɛsɛ]
seguridad (f)	sigurim (m)	[sigurím]
guardia (m) de seguridad	roje sigurimi (m)	[rójɛ sigurími]
renovación (f)	renovim (m)	[rɛnovím]
renovar (vt)	rinovoj	[rinovój]
poner en orden	rregulloj	[rɛguɫój]
pintar (las paredes)	lyej	[lýɛj]
empapelado (m)	tapiceri (f)	[tapitsɛrí]
cubrir con barniz	lustroj	[lustrój]
tubo (m)	gyp (m)	[gyp]

instrumentos (m pl)	vegla (pl)	[végla]
sótano (m)	qilar (m)	[cilár]
alcantarillado (m)	kanalizim (m)	[kanalizím]

14. La casa. El apartamento. Unidad 2

apartamento (m)	apartament (m)	[apartamént]
habitación (f)	dhomë (f)	[ðómə]
dormitorio (m)	dhomë gjumi (f)	[ðómə ɟúmi]
comedor (m)	dhomë ngrënie (f)	[ðómə ŋrəníɛ]

salón (m)	dhomë ndeje (f)	[ðómə ndéjɛ]
despacho (m)	dhomë pune (f)	[ðómə púnɛ]
antecámara (f)	hyrje (f)	[hýɾjɛ]
cuarto (m) de baño	banjo (f)	[báɲo]
servicio (m)	tualet (m)	[tualét]

| suelo (m) | dysheme (f) | [dyʃɛmé] |
| techo (m) | tavan (m) | [taván] |

limpiar el polvo	marr pluhurat	[mar plúhurat]
aspirador (m)	fshesë elektrike (f)	[fʃésə ɛlɛktríkɛ]
limpiar con la aspiradora	thith pluhurin	[θiθ plúhurin]

fregona (f)	shtupë (f)	[ʃtúpə]
trapo (m)	leckë (f)	[létskə]
escoba (f)	fshesë (f)	[fʃésə]
cogedor (m)	kaci (f)	[katsí]
muebles (m pl)	orendi (f)	[orɛndí]
mesa (f)	tryezë (f)	[tryézə]
silla (f)	karrige (f)	[karígɛ]
sillón (m)	kolltuk (m)	[koɫtúk]

librería (f)	raft librash (m)	[ráft líbraʃ]
estante (m)	sergjen (m)	[sɛrɟén]
armario (m)	gardërobë (f)	[gardəróbə]

espejo (m)	pasqyrë (f)	[pascýrə]
tapiz (m)	qilim (m)	[cilím]
chimenea (f)	oxhak (m)	[odʒák]
cortinas (f pl)	perde (f)	[pérdɛ]
lámpara (f) de mesa	llambë tavoline (f)	[ɫámbə tavolínɛ]
lámpara (f) de araña	llambadar (m)	[ɫambadár]

cocina (f)	kuzhinë (f)	[kuʒínə]
cocina (f) de gas	sobë me gaz (f)	[sóbə mɛ gaz]
cocina (f) eléctrica	sobë elektrike (f)	[sóbə ɛlɛktríkɛ]
horno (m) microondas	mikrovalë (f)	[mikroválə]
frigorífico (m)	frigorifer (m)	[frigorifér]
congelador (m)	frigorifer (m)	[frigorifér]

lavavajillas (m)	pjatalarëse (f)	[pjatalárəsɛ]
grifo (m)	rubinet (m)	[rubinét]

picadora (f) de carne	grirëse mishi (f)	[grírəsɛ míʃi]
exprimidor (m)	shtrydhëse frutash (f)	[ʃtrýðəsɛ frútaʃ]
tostador (m)	toster (m)	[tostér]
batidora (f)	mikser (m)	[miksér]

cafetera (f) (aparato de cocina)	makinë kafeje (f)	[makínə kaféjɛ]
hervidor (m) de agua	çajnik (m)	[tʃajník]
tetera (f)	çajnik (m)	[tʃajník]

televisor (m)	televizor (m)	[tɛlɛvizór]
vídeo (m)	video regjistrues (m)	[vídɛo rɛɟistrúɛs]
plancha (f)	hekur (m)	[hékur]
teléfono (m)	telefon (m)	[tɛlɛfón]

15. Los trabajos. El estatus social

director (m)	drejtor (m)	[drɛjtór]
superior (m)	epror (m)	[ɛprór]
presidente (m)	president (m)	[prɛsidént]
asistente (m)	ndihmës (m)	[ndíhməs]
secretario, -a (m, f)	sekretar (m)	[sɛkrɛtár]

propietario (m)	pronar (m)	[pronár]
compañero (m)	partner (m)	[partnér]
accionista (m)	aksioner (m)	[aksionér]

hombre (m) de negocios	biznesmen (m)	[biznɛsmén]
millonario (m)	milioner (m)	[milionér]
multimillonario (m)	bilioner (m)	[bilionér]

actor (m)	aktor (m)	[aktór]
arquitecto (m)	arkitekt (m)	[arkitékt]
banquero (m)	bankier (m)	[bankiér]
broker (m)	komisioner (m)	[komisionér]
veterinario (m)	veteriner (m)	[vɛtɛrinér]
médico (m)	mjek (m)	[mjék]
camarera (f)	pastruese (f)	[pastrúɛsɛ]
diseñador (m)	projektues (m)	[projɛktúɛs]
corresponsal (m)	korrespondent (m)	[korɛspondént]
repartidor (m)	postier (m)	[postiér]

electricista (m)	elektricist (m)	[ɛlɛktritsíst]
músico (m)	muzikant (m)	[muzikánt]
niñera (f)	dado (f)	[dádo]
peluquero (m)	parukiere (f)	[parukiérɛ]
pastor (m)	bari (m)	[barí]

cantante (m)	këngëtar (m)	[kəŋətár]
traductor (m)	përkthyes (m)	[pərkθýɛs]
escritor (m)	shkrimtar (m)	[ʃkrimtár]
carpintero (m)	marangoz (m)	[maraŋóz]
cocinero (m)	kuzhinier (m)	[kuʒiniér]
bombero (m)	zjarrfikës (m)	[zjarfíkəs]
policía (m)	polic (m)	[políts]
cartero (m)	postier (m)	[postiér]
programador (m)	programues (m)	[programúɛs]
vendedor (m)	shitës (m)	[ʃítəs]
obrero (m)	punëtor (m)	[punətór]
jardinero (m)	kopshtar (m)	[kopʃtár]
fontanero (m)	hidraulik (m)	[hidraulík]
estomatólogo (m)	dentist (m)	[dɛntíst]
azafata (f)	stjuardesë (f)	[stjuardésə]
bailarín (m)	valltar (m)	[vaɫtár]
guardaespaldas (m)	truprojë (f)	[truprójə]
científico (m)	shkencëtar (m)	[ʃkɛntsətár]
profesor (m)	mësues (m)	[məsúɛs]
(~ de baile, etc.)		
granjero (m)	fermer (m)	[fɛrmér]
cirujano (m)	kirurg (m)	[kirúrg]
minero (m)	minator (m)	[minatór]
jefe (m) de cocina	shef kuzhine (m)	[ʃɛf kuʒínɛ]
chófer (m)	shofer (m)	[ʃofér]

16. Los deportes

tipo (m) de deporte	lloj sporti (m)	[ɫoj spórti]
fútbol (m)	futboll (m)	[futbóɫ]
hockey (m)	hokej (m)	[hokéj]
baloncesto (m)	basketboll (m)	[baskɛtbóɫ]
béisbol (m)	bejsboll (m)	[bɛjsbóɫ]
voleibol (m)	volejboll (m)	[volɛjbóɫ]
boxeo (m)	boks (m)	[boks]
lucha (f)	mundje (f)	[múndjɛ]
tenis (m)	tenis (m)	[tɛnís]
natación (f)	not (m)	[not]
ajedrez (m)	shah (m)	[ʃah]
carrera (f)	vrapim (m)	[vrapím]
atletismo (m)	atletikë (f)	[atlɛtíkə]
patinaje (m) artístico	patinazh (m)	[patináʒ]
ciclismo (m)	çiklizëm (m)	[tʃiklízəm]
billar (m)	bilardo (f)	[bilárdo]

culturismo (m)	bodybuilding (m)	[bodybuildín]
golf (m)	golf (m)	[golf]
buceo (m)	zhytje (f)	[ʒýtjɛ]
vela (f)	lundrim me vela (m)	[lundrím mɛ véla]
tiro (m) con arco	gjuajtje me hark (f)	[ɟúajtjɛ mɛ hárk]

tiempo (m)	pjesë (f)	[pjésə]
descanso (m)	pushim (m)	[puʃím]
empate (m)	barazim (m)	[barazím]
empatar (vi)	barazoj	[barazój]

cinta (f) de correr	makinë vrapi (f)	[makínə vrápi]
jugador (m)	lojtar (m)	[lojtár]
reserva (m)	zëvendësues (m)	[zəvɛndəsúɛs]
banquillo (m) de reserva	stol i rezervave (m)	[stol i rɛzérvavɛ]

match (m)	ndeshje (f)	[ndéʃjɛ]
puerta (f)	gol (m)	[gol]
portero (m)	portier (m)	[portiér]
gol (m)	gol (m)	[gol]

Juegos (m pl) Olímpicos	Lojërat Olimpike (pl)	[lójərat olimpíkɛ]
establecer un record	vendos rekord	[vɛndós rɛkórd]
final (m)	finale	[finálɛ]
campeón (m)	kampion (m)	[kampión]
campeonato (m)	kampionat (m)	[kampionát]

vencedor (m)	fitues (m)	[fitúɛs]
victoria (f)	fitore (f)	[fitórɛ]
ganar (vi)	fitoj	[fitój]
perder (vi)	humb	[húmb]
medalla (f)	medalje (f)	[mɛdáljɛ]

primer puesto (m)	vendi i parë	[véndi i párə]
segundo puesto (m)	vendi i dytë	[véndi i dýtə]
tercer puesto (m)	vendi i tretë	[véndi i trétə]

estadio (m)	stadium (m)	[stadiúm]
hincha (m)	tifoz (m)	[tifóz]
entrenador (m)	trajner (m)	[trajnér]
entrenamiento (m)	trajnim (m)	[trajním]

17. Los idiomas extranjeros. La ortografía

lengua (f)	gjuhë (f)	[ɟúhə]
estudiar (vt)	studioj	[studiój]
pronunciación (f)	shqiptim (m)	[ʃciptím]
acento (m)	aksent (m)	[aksént]
sustantivo (m)	emër (m)	[émər]
adjetivo (m)	mbiemër (m)	[mbiémər]

verbo (m)	folje (f)	[fóljɛ]
adverbio (m)	ndajfolje (f)	[ndajfóljɛ]
pronombre (m)	përemër (m)	[pərémər]
interjección (f)	pasthirrmë (f)	[pasθírmə]
preposición (f)	parafjalë (f)	[parafjálə]
raíz (f), radical (m)	rrënjë (f)	[rə́ɲə]
desinencia (f)	fundore (f)	[fundórɛ]
prefijo (m)	parashtesë (f)	[paraʃtésə]
sílaba (f)	rrokje (f)	[rókjɛ]
sufijo (m)	prapashtesë (f)	[prapaʃtésə]
acento (m)	theks (m)	[θɛks]
punto (m)	pikë (f)	[píkə]
coma (f)	presje (f)	[présjɛ]
dos puntos (m pl)	dy pika (f)	[dy píka]
puntos (m pl) suspensivos	tre pika (f)	[trɛ píka]
pregunta (f)	pyetje (f)	[pýɛtjɛ]
signo (m) de interrogación	pikëpyetje (f)	[pikəpýɛtjɛ]
signo (m) de admiración	pikëçuditje (f)	[pikətʃudítjɛ]
entre comillas	në thonjëza	[nə θóɲəza]
entre paréntesis	brenda kllapave	[brénda kɫápavɛ]
letra (f)	shkronjë (f)	[ʃkróɲə]
letra (f) mayúscula	shkronjë e madhe (f)	[ʃkróɲə ɛ máðɛ]
oración (f)	fjali (f)	[fjalí]
combinación (f) de palabras	grup fjalësh (m)	[grup fjáləʃ]
expresión (f)	shprehje (f)	[ʃpréhjɛ]
sujeto (m)	kryefjalë (f)	[kryɛfjálə]
predicado (m)	kallëzues (m)	[kaɫəzúɛs]
línea (f)	rresht (m)	[réʃt]
párrafo (m)	paragraf (m)	[paragráf]
sinónimo (m)	sinonim (m)	[sinoním]
antónimo (m)	antonim (m)	[antoním]
excepción (f)	përjashtim (m)	[pərjaʃtím]
subrayar (vt)	nënvijëzoj	[nənvijəzój]
reglas (f pl)	rregullat (pl)	[réguɫat]
gramática (f)	gramatikë (f)	[gramatíkə]
vocabulario (m)	fjalor (m)	[fjalór]
fonética (f)	fonetikë (f)	[fonɛtíkə]
alfabeto (m)	alfabet (m)	[alfabét]
manual (m)	tekst mësimor (m)	[tɛkst məsimór]
diccionario (m)	fjalor (m)	[fjalór]
guía (f) de conversación	libër frazeologjik (m)	[líbər frazɛoloɟík]

palabra (f)	fjalë (f)	[fjálə]
significado (m)	kuptim (m)	[kuptím]
memoria (f)	kujtesë (f)	[kujtésə]

18. La Tierra. La geografía

Tierra (f)	Toka (f)	[tóka]
globo (m) terrestre	globi (f)	[glóbi]
planeta (m)	planet (m)	[planét]

geografía (f)	gjeografi (f)	[ɟɛografí]
naturaleza (f)	natyrë (f)	[natýrə]
mapa (m)	hartë (f)	[hártə]
atlas (m)	atlas (m)	[atlás]

en el norte	në veri	[nə vɛrí]
en el sur	në jug	[nə jug]
en el oeste	në perëndim	[nə pɛrəndím]
en el este	në lindje	[nə líndjɛ]

mar (m)	det (m)	[dét]
océano (m)	oqean (m)	[ocɛán]
golfo (m)	gji (m)	[ɟi]
estrecho (m)	ngushticë (f)	[ŋuʃtítsə]

continente (m)	kontinent (m)	[kontinént]
isla (f)	ishull (m)	[íʃuɬ]
península (f)	gadishull (m)	[gadíʃuɬ]
archipiélago (m)	arkipelag (m)	[arkipɛlág]

puerto (m)	port (m)	[port]
arrecife (m) de coral	korale nënujorë (f)	[korálɛ nənujórə]
orilla (f)	breg (m)	[brɛg]
costa (f)	bregdet (m)	[brɛgdét]

| flujo (m) | batica (f) | [batítsa] |
| reflujo (m) | zbaticë (f) | [zbatítsə] |

latitud (f)	gjerësi (f)	[ɟɛrəsí]
longitud (f)	gjatësi (f)	[ɟatəsí]
paralelo (m)	paralele (f)	[paralélɛ]
ecuador (m)	ekuator (m)	[ɛkuatór]

cielo (m)	qiell (m)	[cíɛɬ]
horizonte (m)	horizont (m)	[horizónt]
atmósfera (f)	atmosferë (f)	[atmosférə]

montaña (f)	mal (m)	[mal]
cima (f)	majë (f)	[májə]
roca (f)	shkëmb (m)	[ʃkəmb]

colina (f)	kodër (f)	[kódər]
volcán (m)	vullkan (m)	[vułkán]
glaciar (m)	akullnajë (f)	[akułnájə]
cascada (f)	ujëvarë (f)	[ujəvárə]
llanura (f)	fushë (f)	[fúʃə]

río (m)	lum (m)	[lum]
manantial (m)	burim (m)	[burím]
ribera (f)	breg (m)	[brɛg]
río abajo (adv)	rrjedhje e poshtme	[rjéðjɛ ɛ póʃtmɛ]
río arriba (adv)	rrjedhje e sipërme	[rjéðjɛ ɛ sípərmɛ]

lago (m)	liqen (m)	[licén]
presa (f)	digë (f)	[dígə]
canal (m)	kanal (m)	[kanál]
pantano (m)	kënetë (f)	[kənétə]
hielo (m)	akull (m)	[ákuł]

19. Los países. Unidad 1

Europa (f)	Evropa (f)	[ɛvrópa]
Unión (f) Europea	Bashkimi Evropian (m)	[baʃkími ɛvropián]
europeo (m)	Evropian (m)	[ɛvropián]
europeo (adj)	evropian	[ɛvropián]

Austria (f)	Austri (f)	[austrí]
Gran Bretaña (f)	Britani e Madhe (f)	[brítani ɛ máðɛ]
Inglaterra (f)	Angli (f)	[aŋlí]
Bélgica (f)	Belgjikë (f)	[bɛʎíkə]
Alemania (f)	Gjermani (f)	[ɟɛrmaní]

Países Bajos (m pl)	Holandë (f)	[holándə]
Holanda (f)	Holandë (f)	[holándə]
Grecia (f)	Greqi (f)	[grɛcí]
Dinamarca (f)	Danimarkë (f)	[danimárkə]
Irlanda (f)	Irlandë (f)	[irlándə]

Islandia (f)	Islandë (f)	[islándə]
España (f)	Spanjë (f)	[spáɲə]
Italia (f)	Itali (f)	[italí]
Chipre (m)	Qipro (f)	[cípro]
Malta (f)	Maltë (f)	[máltə]

Noruega (f)	Norvegji (f)	[norvɛɟí]
Portugal (f)	Portugali (f)	[portugalí]
Finlandia (f)	Finlandë (f)	[finlándə]
Francia (f)	Francë (f)	[frántsə]
Suecia (f)	Suedi (f)	[suɛdí]
Suiza (f)	Zvicër (f)	[zvítsər]
Escocia (f)	Skoci (f)	[skotsí]

Vaticano (m)	Vatikan (m)	[vatikán]
Liechtenstein (m)	Lichtenstein (m)	[litshtɛnstéin]
Luxemburgo (m)	Luksemburg (m)	[luksɛmbúrg]
Mónaco (m)	Monako (f)	[monáko]
Albania (f)	Shqipëri (f)	[ʃcipərí]
Bulgaria (f)	Bullgari (f)	[buɫgarí]
Hungría (f)	Hungari (f)	[huɲarí]
Letonia (f)	Letoni (f)	[lɛtoní]
Lituania (f)	Lituani (f)	[lituaní]
Polonia (f)	Poloni (f)	[poloní]
Rumania (f)	Rumani (f)	[rumaní]
Serbia (f)	Serbi (f)	[sɛrbí]
Eslovaquia (f)	Sllovaki (f)	[sɫovakí]
Croacia (f)	Kroaci (f)	[kroatsí]
Chequia (f)	Republika Çeke (f)	[rɛpublíka tʃékɛ]
Estonia (f)	Estoni (f)	[ɛstoní]
Bosnia y Herzegovina	Bosnje Herzegovina (f)	[bósɲe hɛrzɛgovína]
Macedonia	Maqedonia (f)	[macɛdonía]
Eslovenia	Sllovenia (f)	[sɫovɛnía]
Montenegro (m)	Mali i Zi (m)	[máli i zí]
Bielorrusia (f)	Bjellorusi (f)	[bjɛɫorusí]
Moldavia (f)	Moldavi (f)	[moldaví]
Rusia (f)	Rusi (f)	[rusí]
Ucrania (f)	Ukrainë (f)	[ukraínə]

20. Los países. Unidad 2

Asia (f)	Azia (f)	[azía]
Vietnam (m)	Vietnam (m)	[viɛtnám]
India (f)	Indi (f)	[indí]
Israel (m)	Izrael (m)	[izraél]
China (f)	Kinë (f)	[kínə]
Líbano (m)	Liban (m)	[libán]
Mongolia (f)	Mongoli (f)	[moŋolí]
Malasia (f)	Malajzi (f)	[malajzí]
Pakistán (m)	Pakistan (m)	[pakistán]
Arabia (f) Saudita	Arabia Saudite (f)	[arabía saudítɛ]
Tailandia (f)	Tajlandë (f)	[tajlándə]
Taiwán (m)	Tajvan (m)	[tajván]
Turquía (f)	Turqi (f)	[turcí]
Japón (m)	Japoni (f)	[japoní]
Afganistán (m)	Afganistan (m)	[afganistán]
Bangladesh (m)	Bangladesh (m)	[baŋladéʃ]
Indonesia (f)	Indonezi (f)	[indonɛzí]

Jordania (f)	Jordani (f)	[jordaní]
Irak (m)	Irak (m)	[irak]
Irán (m)	Iran (m)	[irán]

Camboya (f)	Kamboxhia (f)	[kambódʒia]
Kuwait (m)	Kuvajt (m)	[kuvájt]
Laos (m)	Laos (m)	[láos]
Myanmar (m)	Mianmar (m)	[mianmárʃ]
Nepal (m)	Nepal (m)	[nɛpál]

Emiratos (m pl) Árabes Unidos	Emiratet e Bashkuara Arabe (pl)	[ɛmirátɛt ɛ baʃkúara arábɛ]
Siria (f)	Siri (f)	[sirí]
Palestina (f)	Palestinë (f)	[palɛstínə]
Corea (f) del Sur	Korea e Jugut (f)	[koréa ɛ júgut]
Corea (f) del Norte	Korea e Veriut (f)	[koréa ɛ vériut]

Estados Unidos de América (m pl)	Shtetet e Bashkuara të Amerikës	[ʃtétɛt ɛ baʃkúara tə amɛríkəs]
Canadá (f)	Kanada (f)	[kanadá]
Méjico (m)	Meksikë (f)	[mɛksíkə]
Argentina (f)	Argjentinë (f)	[arɟɛntínə]
Brasil (f)	Brazil (m)	[brazíl]

Colombia (f)	Kolumbi (f)	[kolumbí]
Cuba (f)	Kuba (f)	[kúba]
Chile (m)	Kili (m)	[kíli]
Venezuela (f)	Venezuelë (f)	[vɛnɛzuélə]
Ecuador (m)	Ekuador (m)	[ɛkuadór]

Islas (f pl) Bahamas	Bahamas (m)	[bahámas]
Panamá (f)	Panama (f)	[panamá]
Egipto (m)	Egjipt (m)	[ɛɟípt]
Marruecos (m)	Marok (m)	[marók]
Túnez (m)	Tunizi (f)	[tunizí]

Kenia (f)	Kenia (f)	[kénia]
Libia (f)	Libia (f)	[libía]
República (f) Sudafricana	Afrika e Jugut (f)	[afríka ɛ júgut]
Australia (f)	Australia (f)	[australía]
Nueva Zelanda (f)	Zelandë e Re (f)	[zɛlándə ɛ ré]

21. El tiempo. Los desastres naturales

tiempo (m)	moti (m)	[móti]
previsión (m) del tiempo	parashikimi i motit (m)	[paraʃikími i mótit]
temperatura (f)	temperaturë (f)	[tɛmpɛratúrə]
termómetro (m)	termometër (m)	[tɛrmométərʃ]
barómetro (m)	barometër (m)	[barométərʃ]
sol (m)	diell (m)	[díɛɬ]

brillar (vi)	ndriçon	[ndritʃón]
soleado (un día ~)	me diell	[mɛ díɛɫ]
elevarse (el sol)	agon	[agón]
ponerse (vr)	perëndon	[pɛrəndón]

lluvia (f)	shi (m)	[ʃi]
está lloviendo	bie shi	[bíɛ ʃi]
aguacero (m)	shi litar (m)	[ʃi litár]
nubarrón (m)	re shiu (f)	[rɛ ʃíu]
charco (m)	brakë (f)	[brákə]
mojarse (vr)	lagem	[lágɛm]

tormenta (f)	stuhi (f)	[stuhí]
relámpago (m)	vetëtimë (f)	[vɛtətímə]
relampaguear (vi)	vetëton	[vɛtətón]
trueno (m)	bubullimë (f)	[bubuɫímə]
está tronando	bubullon	[bubuɫón]
granizo (m)	breshër (m)	[bréʃər]
está granizando	po bie breshër	[po biɛ bréʃər]

bochorno (m)	vapë (f)	[vápə]
hace mucho calor	është nxehtë	[əʃtə ndzéhtə]
hace calor (templado)	është ngrohtë	[əʃtə ŋróhtə]
hace frío	bën ftohtë	[bən ftóhtə]
niebla (f)	mjegull (f)	[mjéguɫ]
nebuloso (adj)	e mjegullt	[ɛ mjéguɫt]
nube (f)	re (f)	[rɛ]
nuboso (adj)	vranët	[vránət]
humedad (f)	lagështi (f)	[lagəʃtí]

nieve (f)	borë (f)	[bórə]
está nevando	bie borë	[bíɛ bórə]
helada (f)	ngricë (f)	[ŋrítsə]
bajo cero (adv)	nën zero	[nən zéro]
escarcha (f)	brymë (f)	[brýmə]

mal tiempo (m)	mot i keq (m)	[mot i kɛc]
catástrofe (f)	fatkeqësi (f)	[fatkɛcəsí]
inundación (f)	përmbytje (f)	[pərmbýtjɛ]
avalancha (f)	ortek (m)	[orték]
terremoto (m)	tërmet (m)	[tərmét]

sacudida (f)	lëkundje (f)	[ləkúndjɛ]
epicentro (m)	epiqendër (f)	[ɛpicéndər]
erupción (f)	shpërthim (m)	[ʃpərθím]
lava (f)	llavë (f)	[ɫávə]

tornado (m)	tornado (f)	[tornádo]
torbellino (m)	vorbull (f)	[vórbuɫ]
huracán (m)	uragan (m)	[uragán]
tsunami (m)	cunam (m)	[tsunám]
ciclón (m)	ciklon (m)	[tsiklón]

22. Los animales. Unidad 1

animal (m)	kafshë (f)	[káfʃə]
carnívoro (m)	grabitqar (m)	[grabitcár]
tigre (m)	tigër (m)	[tígər]
león (m)	luan (m)	[luán]
lobo (m)	ujk (m)	[ujk]
zorro (m)	dhelpër (f)	[ðélpər]
jaguar (m)	jaguar (m)	[jaguár]
lince (m)	rrëqebull (m)	[rəcébuɫ]
coyote (m)	kojotë (f)	[kojótə]
chacal (m)	çakall (m)	[tʃakáɫ]
hiena (f)	hienë (f)	[hiénə]
ardilla (f)	ketër (m)	[kétər]
erizo (m)	iriq (m)	[iríc]
conejo (m)	lepur (m)	[lépur]
mapache (m)	rakun (m)	[rakún]
hámster (m)	hamster (m)	[hamstér]
topo (m)	urith (m)	[uríθ]
ratón (m)	mi (m)	[mi]
rata (f)	mi (m)	[mi]
murciélago (m)	lakuriq (m)	[lakuríc]
castor (m)	kastor (m)	[kastór]
caballo (m)	kali (m)	[káli]
ciervo (m)	dre (f)	[drɛ]
camello (m)	deve (f)	[dévɛ]
cebra (f)	zebër (f)	[zébər]
ballena (f)	balenë (f)	[balénə]
foca (f)	fokë (f)	[fókə]
morsa (f)	lopë deti (f)	[lópə déti]
delfín (m)	delfin (m)	[dɛlfín]
oso (m)	ari (m)	[arí]
mono (m)	majmun (m)	[majmún]
elefante (m)	elefant (m)	[ɛlɛfánt]
rinoceronte (m)	rinoqeront (m)	[rinocɛrónt]
jirafa (f)	gjirafë (f)	[ɟiráfə]
hipopótamo (m)	hipopotam (m)	[hipopotám]
canguro (m)	kangur (m)	[kaɲúr]
gata (f)	mace (f)	[mátsɛ]
perro (m)	qen (m)	[cɛn]
vaca (f)	lopë (f)	[lópə]
toro (m)	dem (m)	[dém]

| oveja (f) | dele (f) | [déle] |
| cabra (f) | dhi (f) | [ði] |

asno (m)	gomar (m)	[gomár]
cerdo (m)	derr (m)	[dɛr]
gallina (f)	pulë (f)	[púlə]
gallo (m)	gjel (m)	[ɟél]

pato (m)	rosë (f)	[rósə]
ganso (m)	patë (f)	[pátə]
pava (f)	gjel deti (m)	[ɟél déti]
perro (m) pastor	qen dhensh (m)	[cɛn ðɛnʃ]

23. Los animales. Unidad 2

pájaro (m)	zog (m)	[zog]
paloma (f)	pëllumb (m)	[pəthúmb]
gorrión (m)	harabel (m)	[harabél]
paro (m)	xhixhimës (m)	[dʒidʒimés]
cotorra (f)	laraskë (f)	[laráskə]

águila (f)	shqiponjë (f)	[ʃcipóɲə]
azor (m)	gjeraqinë (f)	[ɟɛracínə]
halcón (m)	fajkua (f)	[fajkúa]

cisne (m)	mjellmë (f)	[mjéthmə]
grulla (f)	lejlek (m)	[lɛjlék]
cigüeña (f)	lejlek (m)	[lɛjlék]
loro (m), papagayo (m)	papagall (m)	[papagáth]
pavo (m) real	pallua (m)	[pathúa]
avestruz (m)	struc (m)	[struts]

garza (f)	çafkë (f)	[tʃáfkə]
ruiseñor (m)	bilbil (m)	[bilbil]
golondrina (f)	dallëndyshe (f)	[dathəndýʃɛ]
pico (m)	qukapik (m)	[cukapík]
cuco (m)	kukuvajkë (f)	[kukuvájkə]
lechuza (f)	buf (m)	[buf]

pingüino (m)	penguin (m)	[pɛŋuín]
atún (m)	tunë (f)	[túnə]
trucha (f)	troftë (f)	[tróftə]
anguila (f)	ngjalë (f)	[ɲɟálə]

tiburón (m)	peshkaqen (m)	[pɛʃkacén]
centolla (f)	gaforre (f)	[gafórɛ]
medusa (f)	kandil deti (m)	[kandíl déti]
pulpo (m)	oktapod (m)	[oktapód]
estrella (f) de mar	yll deti (m)	[yth déti]
erizo (m) de mar	iriq deti (m)	[iríc déti]

| caballito (m) de mar | kalë deti (m) | [kálə déti] |
| camarón (m) | karkalec (m) | [karkaléts] |

serpiente (f)	gjarpër (m)	[ɟárpər]
víbora (f)	nepërka (f)	[nɛpérka]
lagarto (f)	hardhucë (f)	[harðútsə]
iguana (f)	iguana (f)	[iguána]
camaleón (m)	kameleon (m)	[kamɛlɛón]
escorpión (m)	akrep (m)	[akrép]

tortuga (f)	breshkë (f)	[bréʃkə]
rana (f)	bretkosë (f)	[brɛtkósə]
cocodrilo (m)	krokodil (m)	[krokodíl]
insecto (m)	insekt (m)	[insékt]
mariposa (f)	flutur (f)	[flútur]
hormiga (f)	milingonë (f)	[miliɲónə]
mosca (f)	mizë (f)	[mízə]

| mosquito (m) (picadura de ~) | mushkonjë (f) | [muʃkóɲə] |

escarabajo (m)	brumbull (m)	[brúmbuɫ]
abeja (f)	bletë (f)	[blétə]
araña (f)	merimangë (f)	[mɛrimáɲə]
mariquita (f)	mollëkuqe (f)	[moɫəkúcɛ]

24. Los árboles. Las plantas

árbol (m)	pemë (f)	[pémə]
abedul (m)	mështekna (f)	[məʃtékna]
roble (m)	lis (m)	[lis]
tilo (m)	bli (m)	[blí]
pobo (m)	plep i egër (m)	[plɛp i égər]

arce (m)	panjë (f)	[páɲə]
picea (m)	bredh (m)	[brɛð]
pino (m)	pishë (f)	[píʃə]
cedro (m)	kedër (m)	[kédər]

álamo (m)	plep (m)	[plɛp]
serbal (m)	vadhë (f)	[váðə]
haya (f)	ah (m)	[ah]
olmo (m)	elm (m)	[élm]

fresno (m)	shelg (m)	[ʃɛlg]
castaño (m)	gështenjë (f)	[gəʃtéɲə]
palmera (f)	palma (f)	[pálma]
mata (f)	shkurre (f)	[ʃkúrɛ]

| seta (f) | kërpudhë (f) | [kərpúðə] |
| seta (f) venenosa | kërpudhë helmuese (f) | [kərpúðə hɛlmúɛsɛ] |

seta calabaza (f)	porcini (m)	[portsíni]
rúsula (f)	rusula (f)	[rúsula]
matamoscas (m)	kësulkuqe (f)	[kəsulkúcɛ]
oronja (f) verde	kërpudha e vdekjes (f)	[kərpúða ɛ vdékjɛs]

flor (f)	lule (f)	[lúlɛ]
ramo (m) de flores	buqetë (f)	[bucétə]
rosa (f)	trëndafil (m)	[trəndafíl]
tulipán (m)	tulipan (m)	[tulipán]
clavel (m)	karafil (m)	[karafíl]

manzanilla (f)	kamomil (m)	[kamomíl]
cacto (m)	kaktus (m)	[kaktús]
muguete (m)	zambak i fushës (m)	[zambák i fúʃəs]
campanilla (f) de las nieves	luleborë (f)	[lulɛbórə]
nenúfar (m)	zambak uji (m)	[zambák új i]

invernadero (m) tropical	serrë (f)	[sérə]
césped (m)	lëndinë (f)	[ləndínə]
macizo (m) de flores	kënd lulishteje (m)	[kənd lulíʃtɛjɛ]

planta (f)	bimë (f)	[bímə]
hierba (f)	bar (m)	[bar]
hoja (f)	gjeth (m)	[ɟɛθ]
pétalo (m)	petale (f)	[pɛtálɛ]
tallo (m)	bisht (m)	[biʃt]
retoño (m)	filiz (m)	[filíz]

cereales (m pl) (plantas)	drithëra (pl)	[dríθəra]
trigo (m)	grurë (f)	[grúrə]
centeno (m)	thekër (f)	[θékər]
avena (f)	tërshërë (f)	[tərʃérə]

mijo (m)	mel (m)	[mɛl]
cebada (f)	elb (m)	[ɛlb]
maíz (m)	misër (m)	[mísər]
arroz (m)	oriz (m)	[oríz]

25. Varias palabras útiles

alto (m) (descanso)	pauzë (f)	[paúzə]
ayuda (f)	ndihmë (f)	[ndíhmə]
balance (m)	ekuilibër (m)	[ɛkuilíbər]
base (f) (~ científica)	bazë (f)	[bázə]
categoría (f)	kategori (f)	[katɛgorí]

coincidencia (f)	rastësi (f)	[rastəsí]
comienzo (m) (principio)	fillim (m)	[fiɫím]
comparación (f)	krahasim (m)	[krahasím]
desarrollo (m)	zhvillim (m)	[ʒviɫím]

diferencia (f)	ndryshim (m)	[ndryʃím]
efecto (m)	efekt (m)	[ɛfékt]
ejemplo (m)	shembull (m)	[ʃémbuɫ]
elección (f)	zgjedhje (f)	[zɟéðjɛ]
elemento (m)	element (m)	[ɛlɛmént]
error (m)	gabim (m)	[gabím]
esfuerzo (m)	përpjekje (f)	[pərpjékjɛ]
estándar (adj)	standard	[standárd]
estilo (m)	stil (m)	[stil]
forma (f) (contorno)	formë (f)	[fórmə]
grado (m) (en mayor ~)	nivel (m)	[nivél]
hecho (m)	fakt (m)	[fakt]
ideal (m)	ideal (m)	[idɛál]
modo (m) (de otro ~)	rrugëzgjidhje (f)	[rugəzɟíðjɛ]
momento (m)	moment (m)	[momént]
obstáculo (m)	pengesë (f)	[pɛŋésə]
parte (f)	pjesë (f)	[pjésə]
pausa (f)	pushim (m)	[puʃím]
posición (f)	pozicion (m)	[pozitsión]
problema (m)	problem (m)	[problém]
proceso (m)	proces (m)	[protsés]
progreso (m)	ecje përpara (f)	[étsjɛ pərpára]
propiedad (f) (cualidad)	cilësi (f)	[tsiləsí]
reacción (f)	reagim (m)	[rɛagím]
riesgo (m)	rrezik (m)	[rɛzík]
secreto (m)	sekret (m)	[sɛkrét]
serie (f)	seri (f)	[sɛrí]
sistema (m)	sistem (m)	[sistém]
situación (f)	situatë (f)	[situátə]
solución (f)	zgjidhje (f)	[zɟíðjɛ]
tabla (f) (~ de multiplicar)	tabelë (f)	[tabélə]
tempo (m) (ritmo)	ritëm (m)	[rítəm]
término (m)	term (m)	[tɛrm]
tipo (m) (~ de deportes)	lloj (m)	[ɫoj]
turno (m) (esperar su ~)	kthesë (f)	[kθésə]
urgente (adj)	urgjent	[uɾɟént]
utilidad (f)	vegël (f)	[végəl]
variante (f)	variant (m)	[variánt]
verdad (f)	e vërtetë (f)	[ɛ vərtétə]
zona (f)	zonë (f)	[zónə]

26. Los adjetivos. Unidad 1

abierto (adj)	i hapur	[i hápuɾ]
adicional (adj)	shtesë	[ʃtésə]

agrio (sabor ~)	i hidhur	[i híður]
agudo (adj)	i mprehtë	[i mpréhtə]
amargo (adj)	i hidhur	[i híður]

amplio (~a habitación)	i bollshëm	[i bółʃəm]
antiguo (adj)	i lashtë	[i láʃtə]
arriesgado (adj)	i rrezikshëm	[i rɛzíkʃəm]
artificial (adj)	artificial	[artifitsiál]
azucarado (adj)	i ëmbël	[i əmbəl]

bajo (voz ~a)	i ulët	[i úlət]
bello (hermoso)	i bukur	[i búkur]
blando (adj)	i butë	[i bútə]
bronceado (adj)	i nxirë	[i ndzírə]
central (adj)	qendror	[cɛndrór]

ciego (adj)	i verbër	[i vérbər]
clandestino (adj)	klandestin	[klandɛstín]
compatible (adj)	i përshtatshëm	[i pərʃtátʃəm]
congelado (pescado ~)	i ngrirë	[i ŋrírə]
contento (adj)	i kënaqur	[i kənácur]
continuo (adj)	i zgjatur	[i zɟátur]

cortés (adj)	i sjellshëm	[i sjétʃəm]
corto (adj)	i shkurtër	[i ʃkúrtər]
crudo (huevos ~s)	i gjallë	[i ɟátə]
de segunda mano	i përdorur	[i pərdórur]
denso (~a niebla)	i dendur	[i déndur]

derecho (adj)	djathtë	[djáθtə]
difícil (decisión)	i vështirë	[i vəʃtírə]
dulce (agua ~)	i freskët	[i fréskət]
duro (material, etc.)	i fortë	[i fórtə]
enfermo (adj)	i sëmurë	[i səmúrə]

enorme (adj)	i madh	[i máð]
especial (adj)	i veçantë	[i vɛtʃántə]
estrecho (calle, etc.)	i ngushtë	[i ŋúʃtə]
exacto (adj)	i saktë	[i sáktə]
excelente (adj)	i shkëlqyer	[i ʃkəlcýɛr]

excesivo (adj)	i tepërt	[i tépərt]
exterior (adj)	i jashtëm	[i jáʃtəm]
fácil (adj)	i lehtë	[i léhtə]
feliz (adj)	i lumtur	[i lúmtur]
fértil (la tierra ~)	pjellore	[pjɛtórɛ]
frágil (florero, etc.)	delikat	[dɛlikát]

fuerte (~ voz)	i lartë	[i lártə]
fuerte (adj)	i fortë	[i fórtə]
grande (en dimensiones)	i madh	[i máð]
gratis (adj)	falas	[fálas]

importante (adj)	i rëndësishëm	[i rəndəsíʃəm]
infantil (adj)	i fëmijëve	[i fəmíjəvɛ]
inmóvil (adj)	i palëvizshëm	[i paləvízʃəm]
inteligente (adj)	i zgjuar	[i ʒúar]
interior (adj)	i brendshëm	[i bréndʃəm]
izquierdo (adj)	majtë	[májtə]

27. Los adjetivos. Unidad 2

largo (camino)	i gjatë	[i ɟátə]
legal (adj)	ligjor	[liɟór]
ligero (un metal ~)	i lehtë	[i léhtə]
limpio (camisa ~)	i pastër	[i pástər]
líquido (adj)	i lëngët	[i lénət]

liso (piel, pelo, etc.)	i lëmuar	[i ləmúar]
lleno (adj)	i mbushur	[i mbúʃur]
maduro (fruto, etc.)	i pjekur	[i pjékur]
malo (adj)	i keq	[i kéc]
mate (sin brillo)	mat	[mat]

misterioso (adj)	misterioz	[mistɛrióz]
muerto (adj)	i vdekur	[i vdékur]
natal (país ~)	autokton	[autoktón]
negativo (adj)	negativ	[nɛgatív]
no difícil (adj)	jo i vështirë	[jo i vəʃtírə]

normal (adj)	normal	[normál]
nuevo (adj)	i ri	[i rí]
obligatorio (adj)	i detyrueshëm	[i dɛtyrúɛʃəm]
opuesto (adj)	i kundërt	[i kúndərt]
ordinario (adj)	i zakonshëm	[i zakónʃəm]

original (inusual)	origjinal	[oriɟinál]
peligroso (adj)	i rrezikshëm	[i rrɛzíkʃəm]
pequeño (adj)	i vogël	[i vógəl]
perfecto (adj)	i përsosur	[i pərsósur]
personal (adj)	personal	[pɛrsonál]
pobre (adj)	i varfër	[i várfər]

poco claro (adj)	i paqartë	[i pacártə]
poco profundo (adj)	i cekët	[i tsékət]
posible (adj)	i mundur	[i múndur]
principal (~ idea)	kryesor	[kryɛsór]
principal (la entrada ~)	kryesor	[kryɛsór]

probable (adj)	i mundshëm	[i múndʃəm]
público (adj)	publik	[publík]
rápido (adj)	i shpejtë	[i ʃpéjtə]
raro (adj)	i rrallë	[i ráɬə]

recto (línea ~a)	i drejtë	[i dréjtə]
sabroso (adj)	i shijshëm	[i ʃíʃəm]
siguiente (avión, etc.)	tjetër	[tjétər]
similar (adj)	i ngjashëm	[i ɲáʃəm]
sólido (~a pared)	i ngjeshur	[i ɲéʃur]
sucio (no limpio)	i pistë	[i pístə]
tonto (adj)	budalla	[budałá]
triste (mirada ~)	i mërzitur	[i mərzítur]
último (~a oportunidad)	i fundit	[i fúndit]
último (~a vez)	i fundit	[i fúndit]
vacío (vaso medio ~)	zbrazët	[zbrázət]
viejo (casa ~a)	i vjetër	[i vjétər]

28. Los verbos. Unidad 1

abrir (vt)	hap	[hap]
acabar, terminar (vt)	përfundoj	[pərfundój]
acusar (vt)	akuzoj	[akuzój]
agradecer (vt)	falënderoj	[faləndɛrój]
almorzar (vi)	ha drekë	[ha drékə]
alquilar (~ una casa)	marr me qira	[mar mɛ cirá]
anular (vt)	anuloj	[anulój]
anunciar (vt)	njoftoj	[ɲoftój]
apagar (vt)	fik	[fik]
autorizar (vt)	lejoj	[lɛjój]
ayudar (vt)	ndihmoj	[ndihmój]
bailar (vi, vt)	vallëzoj	[vałəzój]
beber (vi, vt)	pi	[pi]
borrar (vt)	fshij	[fʃíj]
bromear (vi)	bëj shaka	[bəj ʃaká]
bucear (vi)	zhytem	[ʒýtɛm]
caer (vi)	bie	[bíɛ]
cambiar (vt)	ndryshoj	[ndryʃój]
cantar (vi)	këndoj	[kəndój]
cavar (vt)	gërmoj	[gərmój]
cazar (vi, vt)	dal për gjah	[dál pər ɟáh]
cenar (vi)	ha darkë	[ha dárkə]
cerrar (vt)	mbyll	[mbył]
cesar (vt)	ndaloj	[ndalój]
coger (vt)	kap	[kap]
comenzar (vt)	filloj	[fiłój]
comer (vi, vt)	ha	[ha]
comparar (vt)	krahasoj	[krahasój]
comprar (vt)	blej	[blɛj]
comprender (vt)	kuptoj	[kuptój]

confiar (vt)	besoj	[bɛsój]
confirmar (vt)	konfirmoj	[konfirmój]
conocer (~ a alguien)	njoh	[ɲóh]
construir (vt)	ndërtoj	[ndərtój]
contar (una historia)	tregoj	[trɛgój]
contar (vt) (enumerar)	numëroj	[numərój]
contar con ...	mbështetem ...	[mbəʃtétɛm ...]
copiar (vt)	kopjoj	[kopjój]
correr (vi)	vrapoj	[vrapój]
costar (vt)	kushton	[kuʃtón]
crear (vt)	krijoj	[krijój]
creer (en Dios)	besoj	[bɛsój]
dar (vt)	jap	[jap]
decidir (vt)	vendos	[vɛndós]
decir (vt)	them	[θɛm]
dejar caer	lëshoj	[ləʃój]
depender de ...	varem nga ...	[várɛm ŋa ...]
desaparecer (vi)	zhduk	[ʒduk]
desayunar (vi)	ha mëngjes	[ha mənɟés]
despreciar (vt)	përbuz	[pərbúz]
disculpar (vt)	fal	[fal]
disculparse (vr)	kërkoj falje	[kərkój fáljɛ]
discutir (vt)	diskutoj	[diskutój]
divorciarse (vr)	divorcoj	[divortsój]
dudar (vt)	dyshoj	[dyʃój]

29. Los verbos. Unidad 2

encender (vt)	ndez	[ndɛz]
encontrar (hallar)	gjej	[ɟéj]
encontrarse (vr)	takoj	[takój]
engañar (vi, vt)	mashtroj	[maʃtrój]
enviar (vt)	dërgoj	[dərgój]
equivocarse (vr)	gaboj	[gabój]
escoger (vt)	zgjedh	[zɟɛð]
esconder (vt)	fsheh	[fʃéh]
escribir (vt)	shkruaj	[ʃkrúaj]
esperar (aguardar)	pres	[prɛs]
esperar (tener esperanza)	shpresoj	[ʃprɛsój]
estar ausente	mungoj	[muŋój]
estar cansado	lodhem	[lóðɛm]
estar de acuerdo	bie dakord	[bíɛ dakórd]
estudiar (vt)	studioj	[studiój]
exigir (vt)	kërkoj	[kərkój]

existir (vi)	ekzistoj	[ɛkzistój]
explicar (vt)	shpjegoj	[ʃpjɛgój]
faltar (a las clases)	humbas	[humbás]
felicitar (vt)	përgëzoj	[pərgəzój]
firmar (~ el contrato)	nënshkruaj	[nənʃkrúaj]
girar (~ a la izquierda)	kthej	[kθɛj]
gritar (vi)	bërtas	[bərtás]
guardar (conservar)	mbaj	[mbáj]
gustar (vi)	pëlqej	[pəlcéj]
hablar (vi, vt)	flas	[flas]
hablar con ...	bisedoj ...	[bisɛdój ...]
hacer (vt)	bëj	[bəj]
hacer la limpieza	rregulloj	[rɛguɫój]
insistir (vi)	këmbëngul	[kəmbəŋúl]
insultar (vt)	fyej	[fýɛj]
invitar (vt)	ftoj	[ftoj]
ir (a pie)	ec në këmbë	[ɛts nə kémbə]
jugar (divertirse)	luaj	[lúaj]
leer (vi, vt)	lexoj	[lɛdzój]
llegar (vi)	arrij	[aríj]
llorar (vi)	qaj	[caj]
matar (vt)	vras	[vras]
mirar a ...	shikoj ...	[ʃikój ...]
molestar (vt)	shqetësoj	[ʃcɛtəsój]
morir (vi)	vdes	[vdɛs]
mostrar (vt)	tregoj	[trɛgój]
nacer (vi)	lind	[lind]
nadar (vi)	notoj	[notój]
negar (vt)	mohoj	[mohój]
obedecer (vi, vt)	bindem	[bíndɛm]
odiar (vt)	urrej	[uréj]
oír (vt)	dëgjoj	[dəɟój]
olvidar (vt)	harroj	[harój]
orar (vi)	lutem	[lútɛm]

30. Los verbos. Unidad 3

pagar (vi, vt)	paguaj	[pagúaj]
participar (vi)	marr pjesë	[mar pjésə]
pegar (golpear)	rrah	[rah]
pelear (vi)	grindem	[gríndɛm]
pensar (vi, vt)	mendoj	[mɛndój]
perder (paraguas, etc.)	humb	[húmb]
perdonar (vt)	fal	[fal]
pertenecer a ...	përkas ...	[pərkás ...]

poder (v aux)	mund	[mund]
poder (v aux)	mund	[mund]
preguntar (vt)	pyes	[pýɛs]
preparar (la cena)	gatuaj	[gatúaj]

prever (vt)	parashikoj	[paraʃikój]
probar (vt)	dëshmoj	[dəʃmój]
prohibir (vt)	ndaloj	[ndalój]
prometer (vt)	premtoj	[prɛmtój]
proponer (vt)	propozoj	[propozój]
quebrar (vt)	ndahem	[ndáhɛm]

quejarse (vr)	ankohem	[ankóhɛm]
querer (amar)	dashuroj	[daʃurój]
querer (desear)	dëshiroj	[dəʃirój]
recibir (vt)	pranoj	[pranój]
repetir (vt)	përsëris	[pərsərís]
reservar (~ una mesa)	rezervoj	[rɛzɛrvój]

responder (vi, vt)	përgjigjem	[pərɟíɟɛm]
robar (vt)	vjedh	[vjɛð]
saber (~ algo mas)	di	[di]
salvar (vt)	shpëtoj	[ʃpətój]
secar (ropa, pelo)	thaj	[θaj]

sentarse (vr)	ulem	[úlɛm]
sonreír (vi)	buzëqesh	[buzəcéʃ]
tener (vt)	kam	[kam]
tener miedo	kam frikë	[kam fríkə]

tener prisa	nxitoj	[ndzitój]
tener prisa	nxitoj	[ndzitój]
terminar (vt)	përfundoj	[pərfundój]
tirar, disparar (vi)	qëlloj	[cəɫój]
tomar (vt)	marr	[mar]
trabajar (vi)	punoj	[punój]

traducir (vt)	përkthej	[pərkθéj]
tratar (de hacer algo)	përpiqem	[pərpícɛm]
vender (vt)	shes	[ʃɛs]
ver (vt)	shikoj	[ʃikój]
verificar (vt)	kontrolloj	[kontroɫój]
volar (pájaro, avión)	fluturoj	[fluturój]

www.ingramcontent.com/pod-product-compliance
Lightning Source LLC
Chambersburg PA
CBHW060031050426
42448CB00012B/2948